武道真传

功夫的修炼历程

潘霜喜 著

人民体育出版社

图书在版编目（CIP）数据

武道真传·功夫的修炼历程 / 潘霜喜著. -- 北京：人民体育出版社, 2018（2024.4重印）
ISBN 978-7-5009-5346-3

Ⅰ. ①武… Ⅱ. ①潘… Ⅲ. ①武术—介绍—中国
Ⅳ. ①G852

中国版本图书馆CIP数据核字(2018)第063391号

*

人民体育出版社出版发行
三河兴达印务有限公司印刷
新　华　书　店　经　销

*

880×1230　32开本　4.75印张　93千字
2018年5月第1版　2024年4月第2次印刷
印数：4,001—5,500册

*

ISBN 978-7-5009-5346-3
定价：20.00元

社址：北京市东城区体育馆路8号（天坛公园东门）
电话：67151482（发行部）　　邮编：100061
传真：67151483　　邮购：67118491
网址：www.psphpress.com
（购买本社图书，如遇有缺损页可与邮购部联系）

序一

少林正宗 一脉相承

少林拳是少林文化的重要组成部分。我的师父释德根是20世纪少林寺唯一的武僧教头。20世纪60年代我随师父开始学艺，潘霜喜是我的徒弟，他勤学好练，善于琢磨与研究。

当今少林拳已经成为表演套路，许多人注重表演而不注重内涵，很少有人去研究它的实用价值。少林拳刚柔相济，以实战为主，最后达到养生的目的。如少林拳的三齐（手到、脚到、拳到）三照（拳尖、脚尖、鼻尖）六合（手与足合、肘与膝合、肩与胯合、心与意合、意与气合、气与力合），均表现了少林拳内外双修、禅拳一体的整体文化特色。

少林拳的练习与实用讲究直来横出，借力打力。少林拳正像中国的“中”字一样，口字代表圆形的防守，一竖则代表直线劲力的进攻。在划圆的练习上有平圆、侧圆、立圆，通过各个角度、方向的练习，形成一个立体的圆形运动。

当外力进来时，平滑引入，使对方落空，然后顺势发力。总之，少林拳是软如棉花硬如铁、以柔克刚的拳种，并非世人所说的硬对硬、刚对刚、一力降十会、硬打硬闯的拳种，这和大家的看法不同！

少林拳的传承讲究言传身教，霜喜随我习练少林拳法十多年。近年来将师承拳法精髓分类撰著成册，此举对于启迪后学、传承发扬少林文化大有裨益。近闻其又一佳作即将付梓，谨以此稿为序，以示祝贺！

丁酉年腊月于广东中山

序二

霜蹄千里骏　喜从六合来

——贺《武道真传·功夫的修炼历程》出版

缘起

崇文尚武可能是每个男孩子心中的梦想，郎中也不例外。小时候我幻想最多的就是会一身轻功，能够飞檐走壁、日行千里！《少林寺》是我最喜欢看的电影，能够到少林寺学武是我最大的梦想。可怜那个时候条件太差，能够改善营养的大概就是“麦乳精”和“白砂糖”了。而现在，基本上不再奢望这些了，因为，随着岁月的推移，这把杀猪刀也把郎中变成了油腻中年男。

所幸，在郎中的心底，在日常繁忙的诊疗工作之余，看看书上记载的古代的苍生大医，尤其是能够领兵打仗的张景岳、傅青主等武医和侠医的故事，还是会带给我久违的感动。其实，在我的身边，就有这样的人。

沛县少林六合堂堂主潘兄是郎中大学时期至今的偶像，想当年，能够一同踏入河南中医学院的大门，就是一种不浅的缘分，这至少得需要前世十年以上的修行吧！

武医之道

作为一个武学和武术的门外汉，除了姓“武”之外，郎中再也没有别的本事。但是，综观潘兄的武学之路和郎中的医学之路，还有很多相通的地方。郎中的临床除了借鉴家传和学院的经验之外还经常吸收其余各门各派的包括民间的经验，比如我在治疗骨伤科的病人时，运用比较多的就是少林秘传的伤科验方。

值潘兄大作付梓之际，郎中在此不揣浅陋，试将武学和医学之道相通的地方做一个简单的梳理，供武学或医学爱好者参考和借鉴。个人认为，不论是学好武功还是学好中医，都必须做到以下几个方面：

一、夯实基础

学医要读经典。读经典谁都知道,但是要读得好则不容易。一般我们知道的就是四大经典，即《内经》《伤寒》

《金匮》《温病》。还有四小经典，就是《药性赋》《药性歌括四百味》《汤头歌诀》《濒湖脉学》。学经典是为了用，而且确实犹如源头活水，学多了以后，在临床上才能用得上。

传统武术结合了阴阳五行学说、经络学说，它强调从整体观出发，注重人体的内外兼修，因而，它不像西方体育只针对身体的局部进行锻炼。实践证明，融入养生功法后的武术内功训练，对于提高习武者的身心素质有着更为突出的功效。

正如潘兄在《功夫即是修行》一文中所说：古往今来，但凡修习中国功夫有成就者，绝非因为单纯习练功夫一门学问而能有所大成，因为中国功夫的文化体系涵盖儒、释、道三教及中医等国学文化体系。

潘兄认为：研究中国武术，最为核心的应该是易经八卦文化的研究，以易经阴阳之道破译古人创拳之本意，以八卦数理洞悉天人合一的修炼之法。艺无止境，修行的武者只有内心空静，才能不断地学习进取。

二、勤学苦练

所谓“夏练三伏，冬练三九”，不论学武学医，都必须勤学苦练，三天不练手生，三天不念口生。中国医学著作汗牛充栋，我们如果把每一百年的医书浓缩成一年，来浏览一番，就得花二十年，所以学医是不容易的。学医是要我们将一辈子的心血付在里头，才能有所成就。

学武亦然。潘兄说：依据个人的专业所长而研修武学文化，从基础的学练功夫到功夫上身，再到研究功夫而反观功夫的实用价值，最后总结功夫技法，以传统文化破译传统功夫之内涵。看似简单的过程，实则是曲折坎坷的拳艺人生。古人云：三年一小成、十年一大成。习练功夫者，如能诚心实意刻苦锤炼师传之实用功夫，三年后必有小成。持之以恒，抛却红尘之杂念，潜心修行，十年后当能有所成就。

三、多拜明师

清代著名医家叶天士是温病学派集大成者，他曾广泛地求学于诸多医家，到24岁时，他已先后求学于17位老师。由于博览勤学，兼采各家之长，叶天士对内科、妇科、幼科、眼科都有丰富的临诊经验，30岁时已闻名大江南北。

潘兄认为：一个成功的武者在不同的时期要学会选择不同的老师，博采众长。练习中国武术不可能无师自通，更不可能自学成才。武术文化的特殊性就在于此，即便是大学院校毕业的科班生，没有正规的师承传授也很难寻觅到纯正的功夫体系。因为中国武术文化的根基在民间。

明师出高徒，就是看学生能否遇到好的老师。明师是一个综合概念，此处明师的概念非指名气大的师傅，单指明拳、明道、明德的师傅。此明师中有名师，波名师中不见得都是明师。徒弟找明师难，明师遇徒弟更难，为的是把武术精髓在传承中发扬光大。

结语

在追寻武术真谛的路上，师兄禅一老师是和潘兄走得最近的人，他认为潘兄是“真正的少林功夫传承人”：少林功夫的禅就是武术禅，就是功夫禅，霜喜在多年的练功过程中，不仅完整地沿袭和传承着少林功夫的真谛，还很好地阐释了练功就是做人，做人其实就是练功的理念。

潘兄和郎中都属于中国传统文化的坚守者、实践者和传播者，同时也是体制外的创业者——民间武者和民间医生，坦白地讲，这并不是件非常容易的事情，其中的酸甜苦辣滋味只有自己最清楚。但是，我们都无怨无悔，继续前行。有了潘兄的鼓励，相信我在行医的路上并不孤单，也祝福潘兄在武学的金光大道上终成正果。

是为序。

中国农工民主党江苏省委中医药工作委员会委员

中国中医药研究促进会新中医分会常委

中国中西医结合学会、中华医学会、中华中医药学会委员

南京自然医学会健康管理分会副主委

南京中医药发展联盟副秘书长

中医博士　武建设

2017.12.18于南京武郎中工作室

前 言

武以载道——艺无止境的工匠精神

中国武术是一门专业性很强的技能，从基础的学徒生涯到大成之功，需要用一生之心血来锤炼自我。古语有云：活到老学到老。中国武术就是这样一门学无止境的大道学问，以武入道便是武术工匠精神的升华，以道研武便能匠心独运而自成一家。

技击是武术之灵魂，单从武术的外形上就能看出招式的攻防作用。内里的思想意念是推动气血循行的原动力，以内在的思想情志来修炼外在的拳架形态，是中国武术文化的魅力所在。武术中的一招一式皆有规矩方圆之讲究，每一招式之中皆有攻防变化之玄机，更有养生延年之大道学问。长期练习武术者追求的是一种精神上的修炼，通过武术技能的演练达到一种身心合一的境界。

以术而知术中有道，道中亦有道，是习练中国武术境界的提升。武术的练习异常艰辛，即便是大成就者也要坚持习练外在筋骨的功夫，做到内外兼修，只有如此才能在拳术中修得正道之法。道讲的是阴阳平衡，武术之道是以内修脏腑情志和外练筋骨气血，来达到一种天人合一的平衡之道。通过武术技能的练习上升到武学文化的研究，是武与道结合的前提，在道的阴阳平衡观念中努力钻研，精益求精达到一种空静和谐的状态。

武学之道是武术与中国传统文化结合的回归，在诸多国学文化之中，武学文化是融合修身励志、实用搏击、艺术观赏和养生延年的整体文化体系。武学文化还与江湖三教九流文化息息相关，在地方拳派的发展中也都反映了当地的人文历史文化特色，研究武学文化实是研究中国原生态文化之渊源。武术的最大作用就是用于防身自卫，在旧时的民间有武术社团用于自卫保家，官宦之家则聘请武师做贴身侍卫，富商大贾也以武师来看家护院。深山古庙的修行师傅则以武护寺，兼习养生之术。国家则以武练兵用于防敌护国，江湖侠客则以武犯禁，盗匪强贼也以武作乱。武在各历史时期及社会各阶层扮演着不同的角色，其文化的多元化可想而知。通过武术习练的不同群体和层次可以窥得其中之文化内涵，无论是武林宗派还是三教九流与诸子百家，其文化渊源皆不出阴阳、离合、盛衰之道理。武道合一是学习研究武学文化的基本原则。武以载道即是术中有道，在道中觅得武者修习武术的至真之法，以道论武方是通往武学大道的不变真理。

本书内容是作者习练武术近三十年的见闻心得，以亲身经历讲述武林人的尚武情怀。从传承实学到功成拳就共分四章，以科学、客观、揭秘的写作风格，带您了解功夫修习所需历练的艰辛历程。以传统文化为武术底蕴，将武术升华到武道合一的境界来阐述拳学修为的至真之道。以少林金刚八式套路的练习，开释心与意合、拳由心生的养生之道，在动静开合之间寻觅原真自我。以练拳人朴实静修的平常心态，讲述中国功夫是集养生、励志、修身于一体的整体文化概念。

潘霜喜

丙申年仲秋于少林六合堂

目　录

老道真傳

功夫的修煉歷程

第一章

传承实学

中国武术的练习讲究一步一个脚印，脚踏实地的千锤百炼，练习功夫不单单是肢体功能的锻炼，更深层次的是精神世界的修炼。真正的武者应以千折不回之真心立志于中国功夫的传承与发展，传承华夏文化，以武问道，纵横四海，当显好男儿志在四方之英雄本色。

武学文化的纯真在于修炼者心灵的纯洁，以清静之真心参学武艺中之基本理法，随师父言传

身教之教导，在实践中历练，在交流中进步。持之以恒，历经数年似有所悟，由理性之实践总结，渐悟功夫之修习仍需精益求精。

时间加汗水只是功夫的过程，在枯燥乏味的重复中顿悟大道至简之无上智慧。阴阳之道乃中国功夫拳学之母，万法当于阴阳中求之。武学之道为非常之道，学者应不辞辛苦，奋发图强，以勇武之智慧实修中国功夫而成就自己。

以武之道完善自我，以武之技超越自我。通过工匠精神提升武术修为之境界，把武术的修习上升到武学文化的高度来研究，使武者在世俗间均能有其“用武之地”。传承国学文化，弘扬尚武精神。尚武精神是一个民族的灵魂，是一个民族的脊梁。

以武载道，以武安邦。汉高祖刘邦的大风歌唱出了大汉民族的尚武之魂，大风起兮云飞扬，威加海内兮归故乡。安得猛士兮守四方！“猛士精神”当是我们需要传承的实学之道。

穷文富武——绝非一句空话

长期修习中国功夫需要付出很大的代价，绝非一般人所能坚持，没有盈实的经济基础做后盾也只能是强身健体或一时的兴趣爱好而已。穷文富武，绝非一句空话，在经济为基础的前提下还要有好的机缘遇到明师的教导，更要静心寡欲下苦功夫来成就自己。凡此皆是求大道功夫的基本功。

近年来随着传统功夫热潮的兴起，致使广大功夫爱好者重新认识到传统功夫的健身价值，大部分中老年练习者重新拾起当初年少时练习的基本拳架器械，其练习目的主要以个人健身消遣娱乐为主，其练功内容及功效与长久坚持练习功夫者截然不同。传统功夫的练习讲究个体年龄的差异，针对不同的年龄与不同的季节有着不一样的练功内容，目的、思想不同，练出来的精气神就有区别。传统武术是一门很严谨的学科，从基础的功法拳架器械练习到实战搏击的递手喂招找劲对练，乃至养生延年的吐纳导引静养之术，无不渗透出中华文化的精深与奥妙。功夫的练习非常讲究质量，也就是练习者的境界修为，普通功夫爱好者感性认识的功夫只是粗浅的肢体功能锻炼，高质量的功夫是立足于脚踏实地一步一个脚印清心寡欲修炼出来的智慧运动。

传统功夫需要日积月累、年长日久的练习。师父领进门，修行在个人。没有一二十年的潜心练习，怎能明白“功夫”二字的真正含义。现在许多非“武行”的老总级人物涉及武林，关注支持武术事业的发展，实是积功德，令“武行”人敬佩。然老总对“武行”多是门外之客，武林的规矩与练武人的江湖恩情，是门外人永难窥破的神秘面纱。老总支持武林切不可左右武林，老总与武人应相互尊敬，共扬国粹。古往今来大凡功夫有成就者多系出自名门正派，武人更不会因为老总的“仨核桃俩枣”而改变自身的价值观。真正练功夫者需要的是恬淡虚无之心，功利心太重会使心火过旺而暗耗阴精致脏腑阴阳失衡。故此，修炼功夫的武者以平常心性应世间万事，在不二法门中参悟武学之道的辩证之法。

练拳就是练拳，要日复一日地坚持着心中的信念。练拳人假若失去了内心的信念，那么他的功夫修行必然要迷失方向。拳谚有云，修得真功，万两黄金不与人，说的就是延年保命与瞬间制敌的武林绝技不是容易得到的。“真玩意”是靠缘分练出来的，有些东西并非是通过物质利益所能交换的，练拳人练的是一种感觉、一种缘分。穷文富武的确不错，尤其是初学功夫者拼的就是财力，单就宴请老师及其同门师兄弟就要花费很多，这也是武林界不成文的规矩。好多小手私活非要等到酒过三巡，老师带有酒意时方能传授几招，待有悟性的弟子修炼好多年后才能明白武林界的种种陋习，有时真叫人很无奈……有恒心的弟子传人练至日久便慢慢明白功夫是靠自己练出来的，在漫漫习武路上好多师傅都被武学修炼的艰辛所淘汰，只是闲来时活动筋骨消遣度日而已。

终身修炼武功谈何容易，功夫是怎么练出来的？是付出时间和汗水的自我锤炼，是在孤独中寻觅自我，是在自信中超越自我，是在茫然时坚定信念，是在功成后而能身退，凡此皆是在花费真金白银与舍弃名利之心而历练所得的武学真经。

武林掌门——执掌拳派的当家人

掌门人在武林界一直以来都是比较敏感的话题，因为掌门人是某一拳派的当家人，在本拳派内有领导和管理能力，同时在武林同行中具有相当的威信。掌门人的言行在本门内具有权威性，功夫须是嫡传正统且功力深厚，品德高尚且胸怀宽广，如此掌门人方能引领拳派中的师兄弟及弟子传人光大门户。

中国武术拳派林立，每一拳派都有掌门人，即便不去明说也都有默认的领头人物。武林界对掌门人的要求之高，很难用一个统一标准来界定，因为掌门人的传承是拳派文化与社会学相融合的复杂关系。大凡掌门人的产生有两类，第一类是在继承前学的基础上创新发展的新兴拳派掌门人。这类掌门人具有开拓创新思想，不拘泥于僵化思想之束缚，根据时代的变迁融汇诸家之长开创属于新时代的拳种流派。如大成拳家王芗斋、截拳道宗师李小龙。第二类是在家传或师传的基础上，由老一代掌门人及本拳派内公认的优秀人才来担当，其要求是功夫出众、人品过硬。这类掌门人大多能得拳派中嫡传绝技，或是药方、兵器之类的信物。武林界的掌门人肩负着拳派文化传承发展的千斤重担，拳种流派的兴衰存亡就看掌门人如何执掌了。

由于武林拳派文化的特殊性，从古至今拳种家派大都和侠、盗、匪、官、民有着千丝万缕的错综复杂关系。旧时拳家的营生手段非常之多，或从军报国、或设场授徒、或看家护院、或押镖护卫、或江湖卖艺等；亦有行侠仗义、杀富济贫者；也有误入歧途的江洋大盗和梁上毛贼；如此等等，哪个不是与武林拳派息息相关！掌门人除了应有教授弟子传人真功夫外，还要执掌拳派弟子艺成后的谋生之道，这就是武德的问题了。练武人以信奉关公之诚信、仁勇为道德信念，高尚的武德修为是练武人行走江湖与做人处事的基本标准。任何匠工技艺水平的高低，都是道德修为高低的外在表现。武为止戈之术，以术求道是武者的大道学问，偏离了道即是失去了习武者为人处世的中正之法。

任何拳派中能够长期坚持练习武功的人均非等闲之辈，都是有理想抱负的有志之士。有些拳派传人功夫好，品德也相当过硬，然而对于武林拳派中的名利看得很淡，只是一味地探究武学文化的奥秘。也有些传人日积月累默默地修炼着前人传下的功夫，或忙于传拳，或忙于生计，或忙于人情世故，总之是为了武林拳派的薪火相传。掌门人在传承前学的基础上应博采众长，团结门内长幼，挖掘人才，培养新秀，顺应时代发展，使拳派传人因练武而健康快乐，因练武而团结进取，因练武而和谐幸福。

武林拳派掌门人所执掌的应该是拳派文化中的大道之门和仁义之门，有缘人走进这扇门修的是道，走出这扇门修的是德。道德双修，可渡人渡己，在乱世可安邦兴国，在盛世可修身律己，传于后学使之源远流长，实是积功德名流千古之大德之志也。

拳术真伪——教你鉴别真正的拳学

拳谚云：学拳容易练拳难。拳学之道，贵于日进。如何才能进步，一是在老师的言传身教下刻苦练功，通过实践来验证功夫的实用功效。二是博览古今拳学著作，以理论指导实践，博采众家学派之长，用发展的观念来传承拳学之道。

初学拳术者一定要学会辨别拳种之优劣与真伪，拳术派系犹如古玩玉器均有道地质分之别。如和田玉有山料、籽料之分，籽料中又有青白黄皮之类别，雕工上亦有苏州工和南阳工之差异。美玉为身外之物尚且有诸多讲究，况中国拳术为修身保命之大道功夫，其中之内涵讲究远比有形之物器更加深邃。

中国拳种流派繁杂诸多，各有千秋，然亦有优劣与真伪之区分。有地方土拳以讹传误传，并掺杂封建迷信色彩，误人子弟者。有拳派传人不去务实练拳，以师父师爷金钱地位来论资排辈，荒废武功者。有传人弟子依赖嫡宗正统，指山卖磨，徒有虚名者。有依赖别人供养施舍，吃酒闲谈，诽谤诋毁，祸害武林者。凡此种种，致使许多练拳人花了很多时间和精力只练得一身蛮力与死法，至于实用对搏的高级技法与养生之道更是闻所未闻。至年半百而身已衰，终落得后学无人的凄凉境地，此于拳学之大道功夫相差甚远。

由于历史及传承等诸多因素导致拳学典籍极少有文字记载，拳派文化及秘诀技法之传承多以口传心授、言传身教为主要形式。拳学之道的文化底蕴是建立在儒释道与中医文化的基础之上。研究拳学之道者一定要去练拳，研拳者如果脱离了“练拳”，一切诸法皆为纸上谈兵。

练拳最难的应该是心性的修炼，肢体筋骨的练习咬咬牙狠狠心都能够坚持，因为初级的拳术技法是从外往里练，以练习筋骨皮肉的外功为主，高层次的拳学心法是从里向外练，以练习脏腑气血畅通的内功为主。以内外相合、刚柔并济的方式练拳，方能长久坚持练习与研修，偏于外或偏于内的练习方法都将阻滞练拳人的进步之路。在漫漫习拳之路上不要依赖任何捷径法门，以阴阳辩证法为准绳来传承拳学之技，方能从拳术进步至拳学的高度，继而以阴阳之道指导练拳，长久行之至拳道相合。望学者明辨拳学大道之真伪，切勿迷失正道之法。

明师名师——明师出高徒

练习中国武术不可能无师自通，更不可能自学成才。武术文化的特殊性就在于此，即便是大专院校毕业的科班生，没有正规的师承传授，也很难寻觅到纯正的功夫体系。因为中国武术文化的根基在民间，在传承修炼者之中，传承武术需要的是责任，而学习武术或许是一时的兴趣爱好。

武术是上得战场用的搏杀技，无论社会发展到什么阶段，武术的防身抗暴功能依然不会消失。练习武功时动作的基础意念就是攻与防，在此基础上才是内养之道。学习武术选择老师非常重要，在这一点上多靠机缘巧合。明师出高徒，就是看学生能否遇到好的老师，同时也要遇到好的拳种。明师是一个综合概念，此处明师的概念非指名气大的师父，单指明拳、明道、明德的师父。此明师中有名师，彼名师中不见得都是明师。徒弟找明师难，明师遇高徒更难，为的是把武术精髓传承下去并发扬光大。

名气大的师父通常不会给普通学生轻易接近的机会，有时还会学着名人端架子，搞神秘。也有个别名师在徒弟中间安插有武托，即陌生学生前来拜师学艺，武托在中间周旋骗取财物，致使求道者上当受骗。更有名师在与学生讲手时突然袭击毫无防备的初级水平学生，有时学生已经认输还要再进步打捶，唯恐学生不服。有的名师借酒发疯当真打学生，全然不顾师生情面及个人品德修为，事后反说贪杯之过。有的名师喜弟子阿谀奉承，图一时之快，酒宴上独抓酒瓶狂饮大醉，传承、责任、后学，直抛到九霄云外。此类名师通常是年轻时靠血气之勇拼出的名气，在武行能打出一片天地应当珍惜，许多拳派名师离人生的终点还有大半截时就停止了对武学文化的修炼与研究。真是坐吃山空，比拼年轻时的血汗老本，也有武二代之类靠祖辈留下的名气，活跃在武林的名利场上。

想当明师实属不易，要明白怎么练拳、明白如何教徒弟，还要明白世事的变迁，做到拳与世事相合。传拳即是传道，明师境界的高低直接影响着弟子传人的水平，明师最为关键的是自身修炼。真正的武学大家均要兼容诸家学派，不单是武林拳械的生死学问。即便明师介入名利场上也能把握自我，要明白阴阳变化的自然之道。

在漫长的习武艰辛路上不可能每个人都成为绝世高手，绝大多数人都将中途而辍，最后武学成了绝学，成了神秘之学。失传、讹传，导致个别拳种流派的断代灭绝。传承后学明师的责任重大，名师抛却了名利之心，专心练拳传拳，回归本初之心自然也是明师。中国武术的传承与发展需要明师，明师出高徒，愿每一位功夫传承者都成为“明师”。

江湖行话——武林拳派中的春点

中国武术文化的特异性就在于其文化体系的多元化，武术文化扎根于民间的民俗文化，生长于行侠仗义与豪情万丈的江湖文化之中。武林的江湖是一个侠肝义胆、大碗喝酒、大口吃肉、兄弟同甘苦共患难的另类江湖世界。

人在江湖身不由己，江湖的道义令多少英雄豪杰为之舍弃红尘名利，为的是一个道字的豪气与侠义之情。长期练习中国武术的武者大多是“血性味”极强的硬汉子，即便是习武的文弱书生，通过长久的功夫修炼，爆发起来也有猛虎扑食之勇。习武之人通过长期坚持练习攻防技法，心中必有坚刚之志气，在生活中看似普通的行走坐卧，实则举手投足中都蕴藏着修炼功夫的痕迹。练习武功最为艰难的应当是精神世界的修炼，即为何而练，练了有何应用价值，往哪个方向练，练到什么程度是练好了，这是练武人必须明确的武术价值观。有时非常矛盾，功夫的修习之道本就异常艰辛，生活中的种种关隘都可令习武者中途而辍，假若没有精神上的支持，不要说炼精化气，就是基本的踢腿拔筋一般人也很难坚持。故此，习武人的师父及朋友圈非常关键。有好的老师及正能量的朋友圈，传播尚武精神，励精图治，奋发进取，通过修炼身心来成就自己的美好人生，正能量的朋友圈或许是武林江湖中的正和之道。

江湖的大小是根据一个人的心胸来看待它的江湖格局，江湖简单地讲是一个充满侠义精神的另类群体，江湖有江湖的规矩，这里的规矩有三教九流行当的特殊文化。为了便于内部文化的交流及行当中重要事件的商讨，这一特殊群体中各行当均有各行当的私密语言，江湖人称此为行话、春点、唇点，一般统称春点。春点二字又分两种意思，“春”指行话规矩，“点”指门内绝活。即某一行业中的专用术语，不是门内之人不知何意，其间还有营生所用的行内套话及生意门路。在三教九流中就有上九流、中九流和下九流的分类，依据各自的行业均由头领人物掌控其各自的门徒。民国时期上海滩三大亨黄金荣、杜月笙、张啸林就是典型的江湖帮会组织，各自雄霸一方，在每一行当中都有等级制的管控级别，期间经营使用的私密暗语就是江湖行话。

武术在江湖行话中称为挂子门，在旧时的社会习练武术的武者活动于社会的各个阶层，一般艺成后都要由老师推荐找个营生的门路，如参军报国、走镖护院、开馆授徒、应聘教头等。学艺不精、武德卑劣者，往往容易误入歧途，为匪为盗，欺压百姓，背叛武林精神者亦有之。针对武功练习的分类，武林行话称习练真打实干功夫的为“尖挂子”，习练花拳绣腿功夫者为“腥挂子”，特别是一些江湖伪气功的演练直接命名为“腥活”。武林行话的内容是一个完整的体系，从基础的练功方法到实用技法再到艺成后行走江湖的规矩等，武林行话严格地讲应该是一门值得研究的非物质文化遗产。

由于武林界人群的复杂性，还有武林拳派南北地域之差异，各地的拳家都有各自的规矩，武林春点也有各师父各传授的鲜明特点，有些行话是在自己门派内部交流使用。武林行话的使用有其特殊的社会背景和适当的场合，属于武林文化中的特殊文化。研究中国武术假如脱离了原生态的武林江湖文化，那便把武林文化的根基给丢了。武林行话所反映的是中国武林历史发展的曲折历程，通过研究武林江湖文化能更深层次地学习掌握中国武术文化的精髓。

武林谚语中流传着“宁给十两金，不传一口春”的要诀。“一口春”讲的就是武林拳家行话中的秘传绝技。随着社会的快速发展，大多数拳种因为种种原因而面临失传灭绝的危险局面，当今武林急需有志于传承武林文化的智者努力挖掘整理，以使承载中国传统文化为主题的武学文化在新时期更加灿烂辉煌。

真传绝学——武林人的执着追求

武林界常言：真传一句话，假传万卷书。武林人往往穷其一生精力追求武道的真传绝学，但武林绝学到底是什么？是瞬间制敌的秘杀绝技，是隔空击物的奇门玄学，还是延年益寿的保命秘术？

广义的真传绝学，应该是拳派整体文化的精华浓缩，是一种多功能的文化传承，从搏击到养生都有一套很严谨而系统的训练内容和练习方法。狭义的真传绝学，概指武林某一拳派的实战绝技或典型的招牌技法。这些技法有它的独特之处，一般人很难复制，师父只是在本拳派内个别弟子传人中口传心授，秘密教习，用于实战搏杀时瞬间制敌。也有延年保命之术，以吐纳导引阴柔之术滋养刚猛暴烈的纯阳之劲。总之，武林拳派各有各的绝活，练武人都很聪慧，但慧根再深也得脚踏实地地去苦练，好多聪明人学个几天就感觉掌握了拳术精华，直呼很简单，实不知功夫是通过时间和汗水锻造出来的勤劳果实。

练习功夫要苦练勤练加心悟，用心去练拳，便能练出拳味、练出精气神。功夫本无绝招，只是练拳者根据自己的嗜好而偏练了某一技法，持之以恒，精益求精，时间久了便超越了普通习练者的水平。拳谚云：千招会不如一招精。如民国形意拳家郭云深的半步崩拳、陈子正的鹰爪功、八极拳李书文的六合枪，这种绝招实用时可以变化无穷。以无为之法为有形之术，以有形之术悟无为之法。拳道相合，绝招便是高招，拳若离了道，绝招便是单一的死招。许多拳派传人得了真传绝学后就容易自满，随波逐流而放弃了自身功夫的修为，说是红尘无奈实是修炼功夫者内心浮躁。功夫是要靠自己练的，师父的真传绝学只是引导你迈入武功高超境界的指月手。想成为功夫高手还必须得到师父的真传绝学，真东西有时侯就像那么一层窗户纸，不说明你可能一辈子也不明白。因为师父的真传绝学也非师父一时一人所作为，而是历代功夫高手实践总结出来的经验学说。

如何传承真传绝学，首先是习练者客观认识武林绝学的概念和具体内容，不要迷信超乎人类本能不科学的旁门左道。其次是认清拥有真传绝学者的人品道德，杜绝盲目崇拜一味地迷信师父，师徒之间应相互尊敬。高明的师父都很谦虚，徒弟身上也有可以学习的长处，如梅花拳派就有珍珠倒卷帘的故事，就是师父教徒弟，待徒弟艺成后师父也可以请教徒弟的心得体悟，说的是师徒之间互相学习的道理。有些师父在技法功力上高人一筹，在任何场合都以高人自居，这是非常危险的。再次就是习练者得传武林绝学后应加倍苦练，一定按规矩循序渐进地练习，喂招找劲，试手实战，若干时间后得到师父的认可，还要访友交流验证，以达至精至善。

武林的真传绝学总是那么让人迷恋执着，真正的绝学是在汗水中浸泡出来的，是在实践中历练出来的。即便你下了大工夫练出一身绝世武功，若得意忘形，不去继续修炼，一段时间以后你那承载绝世武功的身心也会沦为凡夫俗子的肉身僵体。武林高手的境界是形体功夫与精神功夫的智慧结晶，以一技之能回望千年武林，我们需要做的是脚踏实地地修炼前人传承的武学真功，以开拓创新之精神弘扬真传绝学。

厚德载武——拳品人品看德行

中国传统文化中最为重要的是品质的修为，即德行是也。任何一个人无论在何领域中发展首先讲究的是品德至上，中国有句俗语叫厚德载物，意思是讲道德高尚者能承担重大的任务。

在三百六十行中，武林界尤重武德，因为学练武功者所掌握的技能实用起来轻则伤对方筋骨，重则致对方毙命。假若没有德行修为，终将酿成大祸，故有“未曾学艺先修德”之说。中国武术严格地讲是一门杀人技法，在练习每一招式时都有其攻击的部位，然而这些部位又都是人体的要害处。如少林拳中的八打与八不打，还有太极拳的击打歌诀中明确其出手起腿所攻击的具体部位。还有练习拳法功架时要求意念专一，如形意拳讲究起如风落如箭，打倒还嫌慢。还有拳谱要诀中的记载如饿狼扒心、黑虎掏心、二龙戏珠等，更为客观地表现了中国武术的实用价值。

武术的发展无论到什么时候都讲究实用价值，否则将沦为花拳绣腿的技巧功夫。在传授武功的技法时，一般的武者只能是学一些功法套路，幸运者接触些简单的踢打之技。不客气地讲，大部分武者练习的都是些强身健体、活动筋骨类的套路器械，至于搏命击敌的实用技法，一般武者很难接触到，这也是中国武术很难发展的关键所在。从社会的安定因素到政治等各方面原因考虑，政府不可能让习武者练得满身杀气，个个勇武无敌……在中国各朝代也都有禁武的历史阶段，试想武功是取人性命的杀人技法，哪能是谁想学就学得了的。练就真正的实用功夫必须要有厚实的德行，厚德载武，功成拳就，若被小人利用则势必引来杀身之祸。

真正的武功高手是在武德修为的基础上练就的真功绝技，若没有德行的修为，再高的武技也只能是匹夫之勇、武功之末技。学练中国武术当有侠义之精神，武德的修为是武者正人正己的道德规范，在武与德的精神思想上，继续升华为练武与用武的英雄主义精神。练就一身正气，临事要有勇武果断之精神，在困难面前要有坚强之意志力，在危机时刻要敢于出手，为集体利益及国家之利益出发，在对方骄横无理时要忍让谦和，在真理面前必须要展现武功的实用价值，绝不能以懦夫之浅显目光忍让暴戾之徒的残酷行为。

真正的武者要把武德的修为融入到做人处事的哲学中来，以大德之智慧来修身齐家，莫要以小德之心胸控制和约束弟子学生的思想空间。有些老师唯恐学生在技法和思想上有所突破，始终以小心眼之气量告诫学生，不要忘了师父的传艺之情等，传授狭隘之武德。尊师重道是学练武功的师生共同尊重的做人处事原则，以大的格局传承武德之修为要高于技法的修为，是武行师生必须明知的黄金准则。

少林拳谱中明确提出不生事不怕事自然无事，能爱人能恶人方为正人的武训。遇事不要怕，练武是干什么的，就是在关键时刻维护人格的尊严和民族的尊严的。厚德载武，以大德之勇凸显中华武术的尚武美德，方是习练武功者德艺双馨的真实写照。

八打八不打

一打眉头双眼，不打太阳为首；
二打唇上人中，不打正中咽喉；
三打穿腮耳门，不打中心两壁；
四打背后骨缝，不打两肋太极；
五打肋内肺腑，不打海底撩阴；
六打撩阴高骨，不打两肾对心；
七打鹤膝虎骨，不打尾闾风府；
八打破骨千金，不打两耳扇风。
不应死守戒规，但应牢记在心。
遇敌制敌为先，故尽不伤其命。

太极拳技击歌诀

上打咽喉下打阴，中打两肋并当心。
下打两臁合两膝，脑后一掌要真魂。

递帖拜师——古时学拳的第一规矩

俗话说，隔行如隔山。一门学问、一门技艺，自有它的特殊文化，其文化的单一化与多元化，均源自于当地的人文风俗，风俗人情就是当地的民俗规矩。

在古时学武艺练功夫，可不是一般的技能，那可是杀人的勾当。许多功夫高手身怀搏杀绝技，且能将武功的修炼隐于生活之中。他们视武术为生命，穷其一生之精力去探研武学之道的奥义。现代社会练武术讲究强身健体，尤其是体院、武校搞的比赛大都是以表演观赏为主要形式。几千年的民族文化在现代武术派系的传承中，演绎得竟然毫无文化踪迹可寻。

旧时的练武人多来自于民间，三教九流，各有其宗。有为复仇而练，有为谋生而练，铤而走险者亦有之。以“练为战”者多为走镖、护院、打手、教头、游侠、盗贼等，各行当均有搏杀绝活，武林称这一群体为“尖挂子”，即有真打实干的功夫。武术的养生健身作用，源自于道家与武术、中医结合后的吐纳导引之术，追求天人合一，延年益寿。武术的观赏表演则源于武术与戏曲的融合，讲究腾空翻滚、惊险刺激等动作，以“练为看”为主，此等多是花拳绣腿功夫，中看不中用，与搏杀之术相差甚远，武林称此为“腥挂子”。无论是尖的还是腥的，武林界首讲传承，即师承何门何派，师承何人。因为各派有各派的不成文规矩，比如某一动作招式即是其拳派的招牌，通过一些动作语言即知来者身份，以免发生不必要的冲突。故有南拳北腿、东枪西棍之说。

师承至为重要，因为练武功是肢体动作的智慧运动。只有通过模仿老师的形意，自己琢磨，加之苦练，日久方能领悟拳架之本意。期间还要经老师拆招讲手，访友切磋学习，深研奇门、易经，有机缘者方能入得门径，渐悟大道。前些年一位练形意拳的朋友随我学金刚八式时就曾感慨说，不要说偷学，就是手把手教都很难模仿动作的左右式变化（至于杨露禅在陈家沟偷拳之事，只是激励后人学拳的励志故事罢了）！可见武术的博大精深远非体操技巧之类运动所能与之相媲美。

拜师学艺，讲究递帖入门。帖中写上弟子生辰八字、入门时的良辰吉日、学武誓言、道德规范及传承谱系之类的文字。拜师入门的规矩多，各地有各地的风俗。汉高祖刘邦的故乡——沛县，是闻名全国的武术之乡。这里民风彪悍，武风甚盛，自古就有习武练兵的民风，几千年的尚武传承在这里一直延续着。现介绍汉高祖刘邦故乡沛县的传统武术拜师仪式，从这一侧面可了解汉文化的历史渊源。

弟子拜师时要邀请引荐师及地方武林同仁德高望重者到场祝贺，行话称“三门六正”以示鉴证。行礼前把祖师爷的画像置于中堂正位，设香炉、上高香，请祖师爷显灵。由主持嘉宾宣讲，鸣炮拜师仪式正式开始。第一，由收徒师父上香三炷，请祖师爷！行三揖三叩首大礼。第二，依顺序介绍到会武林嘉宾的名号。第三，请收徒师父上坐，主持嘉宾介绍本拳派的历史传承渊源后，宣布弟子行拜师礼，三揖三叩首，弟子跪拜递帖与师父，师父接帖后，随赠弟子信物之类物品，以示师徒关系成立。如收弟子多者，可随年龄大小依次进行拜礼。第四，师父携新入门弟子共拜祖师爷，行三揖三叩首大礼。如师爷在场者，师父携弟子依次再行拜礼。第五，请师父发言宣讲门规武德，激励弟子博学苦练，武德至上，弘扬武术精神之类的话语。嘉宾和好友常会表示祝贺而简表贺词或随赠弟子礼品。第六，请新弟子发言及展示武功技艺。最后由主持嘉宾宣读拜师仪式结束。传统的拜师仪式大致如此，各地在程式及形式上会有所不同。

经历了递帖拜师的仪式后，学武的本质意义就有了变化。传统上，师父在收徒弟与教学生上会严格区别其关系。有些师父学生不少，徒弟只有几位，他们认为正式收了徒弟，也需负责任教导徒弟在思想意识上、理论技术上及门派功夫的传承上起到作用。当然，也有师父一年收一二百徒弟，收徒未必都教。

其实学武术是跟自己上劲，太聪明了练不出来，有时候就得傻练。“艺痴者技必精”，没有那份痴迷就换不来一身真功。师父领进门，修行在个人。好多东西是要靠自己领悟的，武学之道的精髓不是学来的是修来的。禅宗有言，“道由心悟，岂在坐也”。

第二章 修炼真功

中国武术的修习之路需要有正确的习武价值观来指导武者习武修身，传承发扬中华国粹。武功的修习讲究练为师，说得再好不如去做，实践是检验真理的唯一标准。有缘人选择了修习功夫，也是几代人修来的福报。别人不知其然，自己应当知其所以然。练功夫练的是心智开悟，练的是浩然正气。

中国功夫的内容可谓是博大精深，有

练内功的，有练外功的，有练软功的，有练硬功的，还有轻重缓急、奇门玄妙之法等。如以练习实战搏击为主要目的的拳派，其举手投足都蕴藏着攻防意念，哪怕是一个眼神都有虚实变化之分。以练习养生延年为主要内容的拳派，一招一式均显示着导引与吐纳的养生哲理，其势法在开合进退之间变化自如。无论是实战搏击还是养生延年，两者均要内外双修，以拳养拳，即是内养与外练的整体功夫文化体系。

初习功夫者，大多是血气少年，尤其是禀赋体强者，练习杂乱之技亦不知疲倦，待到壮年时便懒于活动，其少年时学习之技法均不能持续练习。动则气急而喘，筋骨亦不能像当年那样舒展自如。其关键是练习内容为左道旁门之技，离大道功夫相差甚远。大道功夫是内外双修之道，讲究练习的内容要具备实用搏击与养生保命之整体功效。余习练武功近三十年，期间历经坎坷，近年来通过实修与研究，方知中国功夫之修习是内养脏腑，外练筋骨，中调气血之大道功夫，久习有强身制敌、开悟生慧之功能。

每见少年苦练技巧杂耍之类功夫，实为不知中国功夫是临阵杀敌之用，哪有机会令你窜来蹦去，其耗费青春时光所下功夫练就的是供人观赏的把戏而已。

修习中国功夫要客观地认识功夫的主体内容，师徒之缘也是拳学之缘，拳打千遍其义自现。通过修习古传的功夫技法而反观古人之智慧，从而更理性地修炼中国真功夫。

功夫无华——练拳须练功

拳谚讲“练拳不练功、到老一场空”。这里功的概念具体是指功法，功法又分内功和外功，即内练精气神益五脏六腑，外练筋骨皮强四肢百关。把功的概念搞清楚了再去选择练习适合自己的功法内容，在实践中认识，在认识中再实践，不断地更新升级，持之以恒，方能功到自然成。

功法的练习目的首先是内养脏腑调和气血的养生功能，其次便是用于实战搏杀的攻击与防守。功法的概念应该是通过某些动作左右式的反复练习，形成一种本能的反应，带有攻防意识的拳母动作。通过练习功法而能拆解出若干个实用性的技法动作，这种技法便是带有功力性的技击之术。

功法的练习内容分内功练习和外功练习。内功的练习方式是通过脊柱与四肢的协调运动，配合呼吸来增强五脏六腑功能的功法内容。外功的练习方式是通过脊柱与四肢的协调运动，配合呼吸练习器械的方法，具有强健筋骨之劲的功法内容。

内功的练习即是徒手功法练习，外功的练习即是持器功法练习。在练习内外功法时，两者都要求动作和呼吸的协调配合，动作练习的是脊柱与四肢，呼吸练习的是内脏与经脉，最后的意念练习则是气血的循行功夫。动作、呼吸、意念三者合而为一便是功法练习的高境界功夫。徒手功法练习以内养精神、气力为主，持器功法练习以外练手眼、身步为主，两者内外相合，相辅相成。

在练习内功时先把功法的动作练顺畅了再配合呼吸练习，凡是蓄势相合时的动作大都是吸气，反之凡是发力的动作大都是呼气。吸气蓄劲时动作要柔和自然，呼气发力时动作要刚劲暴烈，做到极柔弱后而能极坚刚、静如处子、动若脱兔的意境。练习外功的内容包括长枪、重刀、石锁、石担等传统的器械训练，在动作与呼吸协调自如的条件下才能进行器械练习，反之则易气滞血瘀，劳伤筋骨。持器功法的练习方式基本上是用于实战功夫的练习，手中的器械便是实战搏击时手臂劲力的延长。把练习的内功之劲发于手臂之外的器械之上，通过劲力的转换再把瞬间抖弹出去的外劲回传于脊柱和脏腑之中，这个过程便是内外功法协调统一的过程。

功成拳就，在内外功法持久练习的基础上，习练者举手投足间均能显现出自身的功夫水平。倘若没有长久的功法练习，即便是学习再多的拳术套子及技击之术，也终将是徒支虚架、舍本求末之技，于养生搏击之道有百害而无一利。武术容不得半点虚假，学者应当脚踏实地刻苦练功，在功夫实践中不断地认识自我，完善自我，方能在功法的锤炼中“脱胎换骨”成就自我。

功法套路——学拳必知的母子关系

中国武术的基础理论是建立在阴阳五行学说基础之上的，孤阴不生，独阳不长，构成了阴阳互根互生的对应关系。同时阴阳又是相互转换的，在转换时又需要达到相对应的平衡状态。阴阳之中又分五行，即金、木、水、火、土，相生相克。克之则为乘，反克则为侮。

简单朴实的阴阳五行理论是迈向武学大道的基础理论，以五行相生的母子关系来认识武术中功法与套路的母子互生关系。五行金、木、水、火、土是相克的顺序，木、火、土、金、水是相生的顺序。武术中的功法练习即是拳母练习，把拳母练好了，千招万式自然就出来了。功法的概念就是通过单一的动作左右式来回练习，达到形意相合后在师父的拆招中领悟招式的实用价值。长此以往地刻苦练习，逐渐领悟功法与功法之间的互生关系，直劲的功法与横劲的功法在来回交替中变化练习。功法的练习通常是一大势的练习，如少林拳横劲之怀中抱月与分心掌两势呈内外相对应式，即所有之横劲动作都源于此两式。此两式即是横劲的拳母，通过拳母演绎出来的动作就是子动作，子动作的运动轨迹必须符合母动作的基本路线。

武术中的各家拳派均有秘不外传的功法练习，功法练习也称“私功练习”，即私下里教习嫡宗传人的看家本事。旧时武林有“传拳不传功”之说，可见练功夫者能得到功法传承的极为少见。因为功法的练习可举一反三演绎出无限的招式，功法也是武术搏击与养生的核心功夫。在功夫的修习路上，假如抛去了功法练习，单就是套路拳术的组合练习，势必造成无功之拳的花架套子。观赏表演人前展示还可以，一旦遇敌防身真打实战起来，便手忙脚乱无章无法。故此，撰写此文让大家明确功法练习的关键所在。

功法的练习也是一个系统的练武工程，是从基础的步法、腿法、身法、手法到横劲、竖劲、斜劲以及根、中、梢节的对应劲道练习。功法的单一性练的是摧毁性的明劲，功法的虚实组合练的是抖弹性的暗劲，功法的变化莫测练的是游走性的化劲。把功法的概念和内容分析清楚，形成踢打摔拿整体的活功练习，依据每一套功法的特点创编套路，这种套路演练起来，标本兼固，便具备能打能练能养生的整体功能。分清功法与招式的母子关系，以母生子，子又生子，形成母子互生的辩证关系。

以单式功法组合形成一招三式的若干个组合功法练习，此类功法中可以有直劲和横劲，也可以有梢节的劲和中节的劲，纵横交错，长短互用。这样的组合就体现了功法组合的灵活性和虚实并用的特点，这也正是功法与功法之间具备的互生关系。通过若干个功法组合动作，形成一整套的套路练习，练时无人似有人，待到应用之时便能体会到有人似无人的境界了。

内家外家——内外一家的表里关系

中国武术拳种的分类大致有内家拳与外家拳之别，内家拳是以练习吐纳导引、补养气血为主，技术上偏于柔化缠绕、拧转变化之技。外家拳是以练习刚猛劲道、强健筋骨为主，技术上偏于抖弹崩击、瞬间发劲为主。两者阴阳刚柔各有所偏，拳之大道当内外双修，阴阳平衡，内外实是一家。

正确地认识中国武术拳种家派的分类，应该以辩证的、客观的观点认知内外家拳学的概念和内容。中国武术汇集华夏五千年的光辉灿烂文化精髓，各拳种家派依据各地域独特的文化内涵，形成独具特色的拳种流派。从其开宗立派到枝繁叶茂均要经历几代人的辛勤努力，方能形成别具一格的拳术体系。每一拳种其初创之本意都依附于当地的人文风俗及地域文化符号，或附会于人物、或附会于神灵、或附会于名山大川等，凡此种种，皆是凸显拳种派系的技术特点和文化特色。

一门技能一门学问都有它的文化底蕴，中国武术的文化底蕴包罗万象，上至天文，下至地理，中至人事，然而最为核心的当是阴阳学说。阴阳学说贯穿于中国武术的实用功能中，即修身护体、保命延年、开悟智慧的核心文化功能之中。故此，内家也好，外家也罢，其核心文化理论都离不开"易学"之道。堪称中国武术三大内家拳派的太极拳、形意拳、八卦掌，其理论体系都是依附于阴阳易经之理而创编的，其拳学内涵处处彰显着天地人和的阴阳平衡之道。世人普遍认为少林拳系外家拳派，善勇武刚健之劲道，实不知少林拳派之精髓在禅不在拳。禅的境界是在儒、道两家的基础上升华的静修之道，亦是无我无象的虚实转换体。禅与拳相合是少林拳系内外双修的理论基础，亦是练习少林拳系功夫通往禅修正果的智慧大道。

中国武术拳种的派系大致有260多种，各有千秋，各拳系的传承发展均有其独特的思想技术体系。历史的发展是无情的，假若拳派的传承人不去努力习练拳技，势必造成其自身拳种的萎缩与消亡。现代武人练习的功夫不同于古时武人的功夫价值观，现在的大多数人习练功夫的目的是健身与养生。正确的方法应当是在身体内外协调的基础上再去习练搏击之术，把养生与搏击有机地结合起来，在实践中认识武学文化的重要价值，文通武达，练就智慧功夫。练习中国武术必须客观地认识拳学拳理，解剖武术的拳架结构，理性地练习功法拳套，当有事半功倍之效。外在的练习主要有筋骨皮肉的形体练习，内里的主要有呼吸意念的内气练习。排除内外家之分歧，博采众长，以阴阳平衡学说的理念科学地练习踢打摔拿技法，以拳学理论养护拳架功法，长久坚持自能悟出拳中之道。

少林禅与太极中的道都是讲的阴阳平衡学说，禅家讲的不着相，即是摆脱固定形态与僵化思想之束缚，以无生有，再以有形之态化为无形之式，拳术中的一举一动皆有太极之道，亦有禅机可寻。如此，内家之中有外家，外家之中亦有内家，即阴中有阳，阳中有阴，阴平阳秘之自然之道也。

实战搏击——拳派生存发展的灵魂

中国武术的最大特征就是实用搏击，这也是武术最初形成的基本功能，至于养生与表演艺术的发展是其整体功能中的组成部分。武之为术就是因它的实际应用价值，客观地讲，武术是一门技能，一门融搏击、养生及艺术观赏为一体的综合技能。

在练习武术的过程中，习练者根据自身的目的及其偏好而选择了不同的练功内容，如若真正追求武术之真谛，请务必研究武术之搏击方法，甚至研究修炼武术搏杀技法的精髓内容。因为这是武术之根，也是武术延续几千年久盛不衰的根本原因。中国武术拳种流派繁多，可谓是百花齐放，然而在各拳种初创之时都是从实战中拼杀出来的搏击经验，通过几代师傅的努力方能形成独特的技术体系。由基础的攻防技能演绎成浑厚拙朴的功力劲道，进而上升为替代手臂的器械练法。脱离古战场的血腥之战演变成陆地徒手搏击的近战功夫体系，最终把搏杀技法汇编成综合套路练习，由此可见古代师傅传艺之用心良苦。

实战搏击的练习讲究简单直接，然而最为关键的还是功力的练习，搏击时没有过多的时间周旋，碰上了就是一击必杀的致命招式。现在的武侠影视及各类比赛的宣传误导了武术的原始搏杀功能，对这些现象也应当理解，因为社会文明的发展没有机会让你还原血腥味刺鼻的搏杀技法。古代武术拳派中的搏击方法与今人感性认识的截然不同，其练习方法都是非常智慧的高明手段，实用起来也能令对方不知所措而瞬间丢了性命。踢、打、摔、拿只是肢体的攻防技能，还有更为阴险的暗器毒药之类的伤人夺命之技，如贴身用的手扣就有内外用法之分，内用则为抓撕对方筋脉，外用则为戳捣对方软肋；铁鞋的用法是脚尖前有钢板固定，专用于攻击对方阴裆及腋窝部位，还有为了防止对方的突然袭击，在自己的软肋及胸前内藏软甲保护自己；更有甚者在匕首刀刃上涂抹毒药，以达伤人致命的目的。用于远距离攻击对方的，如带有毒药的飞针、飞刀、飞爪，清代野史记载的著名的血滴子就是专门用于夺人首级的绷簧暗器。古时武术搏杀技法的残酷非常人所能想象，一段武林，一段传奇，身在江湖，身不由己，武林就是一横一竖写成的胜败存亡之道。

在武林派系中，有些门派绝不允许弟子传人学习飞刀暗器之类的夺命技法，更不准违背武德修为逞一时之英雄。无论是明打还是暗斗都要有规矩，否则即便是一时之胜也会遭同行耻笑，严重的会遭人暗算致损财害命。武术之搏击能救人亦能害人，单就自身而言，练就一身武艺要付出常人难以付出的代价。练武人在追求至高武技路上所经历的内心酸苦与身外劳伤，是一种对身体与精神的磨砺。如人饮水冷暖自知，这或许是练武人内省与孤独的真实写照吧！故此，没有超强的意志力，武学之道也只能是茶余饭后谈谈而已。现代武林门派的搏击技法大都褪去了原始搏命技法的本初意义，正规的交流比赛讲究以武会友，点到为止。竞技类的赛事也以点数及击打有效部位为胜败准则，民间的武术家在传承实用技法时也多以喂招开套的方式讲解实学之道，待功夫有所长进方可进行真打实搏技法的练习。

拳谚云：拳不打会。武术的搏击本身就是一门用于攻击人体要害部位与伤害对方的技能。习练者通过几年甚至几十年的锤炼，攻击普通人肯定能瞬间制敌。然而人外有人，再好的技术都不可能冠绝天下，武行的规矩特别大，越是有能耐越要低调，越练越感觉自己初得武道之门径。悠悠国术，历经千年传承，岂是三年五载所能窥破；静心历练，以武悟道，才能在功夫修炼中笑对百变人生。

养生延年——练拳人的保命王道

人生最大的财富莫过于身体健康，健康的身体是人生拼搏奋斗的基本保障。如若为了赚取财富而把健康的身体葬送，那是舍本求末，最终必落得人财两空的凄惨结局。

养生延年，旨在通过各种方式延缓衰老，提高生命质量，通过养生延年有助于人生实现梦想 ，同时它也是一种高质量的生活价值观。作为习武之人更应该重视养生的实际意义。武术界讲究三分练功七分养气，练武人练的是身心，练身则为外练筋、骨、皮、肉，练心则为内练精、气、神、韵。身心合一则为养生延年的平衡法则，以传统中医学说为基础理论指导武者养生延年是武术人以医养武的最佳诠释。

以医学之理窥探武学之道，是历代功夫人登堂入室、步入武学高层次修为的一种捷径。传统中医养生学中讲的就是身心合一，阴阳平衡。人之有病不外乎三种原因，一为外因之风、寒、暑、湿、燥、火外感六淫致病；二为内因之喜、怒、忧、思、悲、恐、惊内伤七情致病；三为饮食跌扑、房室、金刃所伤之不内外因。如此，修炼武功者不可不知人身之病因根本因素。习练武功者，其外练身躯可强筋骨皮肉，以外练内实是内修肝、肾、脾、肺之主脏，因肝主筋、肾主骨、肺主皮毛、脾主肌肉四肢。其内练心性可调喜怒哀乐，以内练外实是外练动作与呼吸整体合一。内练练得情志畅达，气机通畅，以喜悦之心性开合鼓荡气机，在动作与呼吸的配合下，做到拳意相融。

练习功夫者多因其习练武功的目的不同而各有所成就，可以说养生延年之法是任何武者都要研究的保命王道。在古传的拳派技法中都有内养气功之类的私密功法，再者就是丸、丹、膏、散之类的秘传药方，还有接骨续筋之类的正骨手法，凡此皆是历代武人在实践中总结出的修身调气和内壮延年之术。特别是丸、丹、膏、散之类的药方多传于嫡传弟子或流传于民间走方医者，随社会科技之发展，武人的嫡宗传人多弃武从商，许多宝贵的经验药方也已失传。除此之外就是饮食养生，高明的武者大都是美食家，中医讲究药食同源，以五谷杂粮与飞禽走兽之四性（寒、热、温、凉）五味（酸、苦、甘、辛、咸）调补五脏，此为食疗调补气血的内养之法。食疗的基础是要分清内治的八法，八法分别是汗、吐、下、温、清、消、和、补之八种治疗疾病的方法。在掌握理法方药的基础上方能对症用药，学练武功者要谨慎行之。

在武术练习之初就有活动筋骨类的养筋运气之术，在拳架功法的结构中都有吐纳导引的呼吸换气之法，在练功之后亦有引火归元拍打穴位的调气之招式，也可以说内功养生术的练习始终贯穿于整个练功体系之中。有些武者在修炼武功时急于求成而偏于刚猛劲力的练习，忽视了内功养生运气术的修练，久则致气滞血瘀，筋骨劳伤，晚年落得一身顽疾。故此，内功养生系列功法的练习非常关键，传统的易筋经、五禽戏、六合功、八段锦都是极好的导引养气之术，长久坚持均能达到养生延年的功效。

作为习武者，健康的身心是做人处世与练拳的基础“资本”，诚能以欢喜心性生成喜悦之心态，情志顺达，拳劲自然充足。宜把名利看淡，身心健康才是人生之根本，以和谐之心性练拳，以中和之道处世。以健康身心历练拳术之道，行拳于自然之中，方能得益于自然之道。

劲道揭秘——缠丝劲与抽丝劲

缠丝劲与抽丝劲是练习中国传统武术必须研究的概念劲道。缠丝劲所循行的方向是立体圆形的运动形式，从点、线、面、体到圆、方均是以缠绕拧转为基本法则，抽丝劲所循行的方向是直线运动形式，无论前后、左右、上下任意方向的直劲均是以斜行直劲为基本法则。

缠丝劲的运动形式是一种立体的球形运动，由内而外，以局部的小缠丝劲组合形成整体的大缠丝劲。抽丝劲的运动形式是万向轮式的灵活多变的斜行直劲。从阴阳学说的概念界定缠丝劲与抽丝劲的话，缠丝劲属于阴，主静，以练六合之劲为主，抽丝劲属于阳，主动，以练八极之劲为主。缠丝劲属于母，抽丝劲属于子，抽丝劲生于缠丝劲，同时抽丝劲亦能组合成缠丝劲，两者相辅相成。例如练习明劲和暗劲功夫时，发劲之前的压缩合力属于缠丝劲，瞬间爆发的直劲属于抽丝劲。练习化劲功夫时当一个力发出之后再发第二个劲甚至第三个劲时，这个过程就需要缠丝劲与抽丝劲相生互变，阴阳相济，形成连绵不断多种劲力的变化之道。缠丝劲与抽丝劲的组合变化是在沉浮、开合、进退、动静之间转换的变劲功夫。

从养生学的角度来看缠丝劲与抽丝劲的养生作用，缠丝劲的立体圆形运动形式，实则是练习人体脊柱与四肢的协调平衡关系，其核心是练习机体的五脏与六腑。以脊柱为核心向左右、上下、前后六个方向相互缠丝，使得五脏与六腑之间有序地升降开合，配合呼吸吐故纳新。抽丝劲的直线运动形式，实则是疏经通络，加速经脉中的气血畅通循行，使气血畅通往来于脏腑与经脉之间。

缠丝与抽丝的"丝"具体是指人体的经脉循行路线，经脉是人体气血运行的通道，分别有十二正经与奇经八脉，两者奇正相生。经络具有联络内外、网络全身、运行气血、协调阴阳的平衡作用。人体的脏腑与经络之间是一气血循环链的关系，即脏腑中的气血通过经脉的传输来濡养四肢百骸，同时气血通过经脉的传输又回来滋养五脏与六腑，如环之无端，周行不息。缠丝劲练习是强五脏与六腑的生理功能，滋生气血，升清降浊。抽丝劲的练习是疏通十二正经，通过疏经通络来调理脏与腑的生理功能，因十二正经与五脏六腑有表里隶属关系。练功时瞬间的爆炸劲同样属于抽丝劲，即在缠丝劲的基础上自然发放的暗劲功夫。这种短促的激灵劲具有调理奇经八脉的作用，奇经八脉具有调理五脏六腑与十二正经生理功能的作用，故此，暗劲激灵劲的养生价值可想而知，武林界故有"千金难买一激灵”之说。

明白缠丝劲与抽丝劲的辩证关系，再去行拳走式，当有事半功倍之效。传统武术的练习是在千变万化的开合动静之中进行的智慧运动。万变不离其宗（阴阳平衡之道），中国武术无论哪门哪派凡研究武术文化者，须以易理为根基，以医理为羽翼。以传统文化滋养传统武术，通过传统武术诠释传统文化的博大精深，使之一拳一脚、一进一退皆有规矩和渊源。

拳谱秘诀——形于笔墨的绝学

在中国传统文化中，任何一门学问、一门技艺都有它的传承，传承之初是靠师承关系，由师带徒的方式而言传身教、口传心授，一代一代地延续着中华文化而薪火相传。

武术的传承必须要拜师入门来学习，不可能无师自通，因为武术是纯粹的经验学说，而且是一门专业练习形体与意念合一之道的综合技法。在练习武术之始进行的是基本功架的练习，传统功夫要求的基本功是身法的协调和中正，与体操技巧类的柔韧跳跃完全是两码事。学习传统武术一定要弄明白其中的概念和内容，否则很容易和现代的竞技体育或者短期培训的速成武术班相混淆。传统武术的练习是一种信仰，一种责任，一种对中华文化传承的责任。当今社会急需有志者来传承中国的本土武术，即国术。国术就是华夏文化中最能代表中华民族勇武智慧的搏杀之技。

中国武术是老祖宗留给后人的无形财富，他非同于有形的物质财富，练习中国武术小则可以防身护体、励志修心，大则可以纵横四海、保家卫国。古往今来，凡有血性之男儿无不尚武善战，尚武尚的是民族之血气，善战战的是民族之尊严。武术之重要已上升到武道之学问，道是讲的天地人和，在学练武术到一定程度，师父会根据习练者的进展程度而讲解某一技法和招式的拳术要诀，这些要诀也称秘诀，均是历代师父通过实践经验总结出来的千古不变之真理。这些个真理会以笔墨之形式记录于拳谱之上，代代相传就形成了一个流派的拳学秘笈。

通常来讲，某一门拳术都有其特定的拳术要诀，近代的师父也有打破门户之见、相互交换拳术要诀的先例。为的是取长补短，相互验证拳学真理。也有的师父不赞成弟子整天拿着拳谱研究，而是注重实际功夫的操练，通过实际的历练让弟子彻悟拳学中的拳论拳理，待弟子形体功夫上有所突破了，便一句拳诀点醒弟子。这是一种教学方式。也有老师懒语不善言谈者，教了一辈子糊涂拳，到死也没整明白拳学之大道何在。也有怪癖之老师把拳谱上的文字作为金科玉律，机械性地按拳谱上的练与教，脱离实践，失去了武术因人而宜的辩证之法。

武术的精髓是拳脚上的功夫，拳谱上写得再好那也是文字，不能受文字之束缚而停止对武道精深技法的研究。高明的弟子要在拳谱理论的基础上，通过实践验证拳学之技，丰富拳派文化体系，使拳谱文化不单单停留于某一历史时期的固定文化标志上，要使拳谱文化更新于时代的潮流之上。与时俱进应该是拳派传人传承拳学文化的发展理念。纵观古今拳谱记载的内容不单是拳术技法，更多地是做人处世与养生延年的修身秘诀，针对实用搏击的打法不是练本门拳术者也很难理解其中的机要。武术的传承与发展是一个庞大的文化工程，文字记载的拳谱是武林拳派非常珍贵的文献资料，它的传承是拳种派系薪火相传的佐证。形于笔墨的拳谱文化是某一历史时期的文化见证，亦是历代功夫人的智慧结晶，作为后学传承者应当以辩证扬弃的思想观去伪存真，发扬先贤智者留给我们的精神财富。

如下是少林拳系捶谱精华歌诀，其特点体现了少林拳禅拳合一的武学思想。

少林捶谱

拳打一线，曲直多变。

大如猛虎，小如锦鼠。

轻如鸿毛，重如泰山。

起横落竖，以声助势。

圆守直攻，非打即防。

力发足蹬，劲如抖毛。

动静相融，刚柔相济。

内外合一，禅拳一体。

龙虎交争——练习纵横合劲的终极之道

龙虎交争之劲是练习纵横合劲功夫的终极之道，同时也是修炼中国功夫高层境界的智慧运动。天地之中，人为万物之灵，练习功夫者以天地为师，效法于自然之象，象其形取其意，方能悟得天地人合一之道。

龙虎二劲的练习就是古代武者效法龙虎之形意劲力的经典功夫。练习古少林六合拳法要求外三合与内三合形成整体的合劲，使之达到内外一体，瞬间发放混元一气的六合整劲。龙虎之劲的练习就是外三合劲力的基础功夫，在外形练好的基础上，再以意念调动呼吸与动作结合便是内三合的基本功，这样内外一体，以形练意，再以意练形，久之便能脱胎换骨，使周身之拙力化为灵活之整劲。

龙虎之劲的练习是周身劲力外三合升降沉浮的练习，沉似虎坐，浮似龙腾，降是开，升是合，升降开合，前后、上下与左右混元一气。龙劲的练习具体是脊柱六合劲力的练习，通过龙形的意念来练习脊柱的上下之沉浮劲、左右之摇摆劲及前后之俯仰劲。在动静之间屈伸自如，练习脊柱整体的蠕动之劲。

练习脊柱之龙形首先要明白脊柱的解剖结构，整条脊柱共由24节脊椎骨组成，其中颈椎7节、胸椎12节、腰椎5节，加骶骨和尾骨，共计26节。颈椎为首支撑着头部的运动，胸椎为中节，脊柱两侧分布着膀胱经的腧穴，中间为督脉掌控人体一身之阳气，内里牵挂着五脏六腑。腰椎为尾，内藏两肾，各分阴阳，两肾之中亦为人体命门之所居处，关乎人体阴阳之盛衰。骶骨与尾骨居下与胯相连，内藏人身之灵气，亦是整条脊柱的根基所在。武术中讲的虚灵顶劲是以颈椎为主导头顶蓝天，气沉丹田则是以腰椎为主导脚踩大地，身法中正形成天地人合一之式。练习功夫时脊柱的随意扭动表现了武者习练水平的高低，高手在练习时能使脊柱节节贯穿，首尾相应，把脊柱的蠕动之劲传于四肢梢节，再通过梢节的循环使劲力回归于脊柱。

虎劲练习表现的是胯关节的虚实变化。胯关节在武术运动中非常关键，它带动着双腿的屈伸，通过胯与腿的结合就能练就猛虎扑食之劲。胯关节是人体的中枢关节，下肢的任何一个动作都和人体的大胯紧密相连，同时上肢的运动也靠大胯的传导使劲力贯穿于梢节。大胯的练习方法主要通过双腿的六劲变化来练习，通过腿部的运动来强化胯部的坚韧度。从中医经络学说来分析胯与双腿的关系，五脏六腑之气血顺足三阳经从头走足，再循足三阴经从足走腹，就是这个过程体现了大胯与双腿是人体经脉气血的重要通道。通过加强大胯与双腿的练习，使五脏六腑之气血循双腿而畅通无阻。把大胯与双腿的基础打好了，上下一体，以虎坐之式激发肾中的命门之火，蓄养膂力，传劲于脊柱，形成龙虎交争的纵横合劲。

客观地讲，虎劲是练就下盘功夫的弹簧整劲，通过双腿的进退与上下左右的协调来达到一种平衡状态。龙劲是练习上盘功夫的缠丝整劲，通过手法的拧转缠绕与脊柱形成一体的滚动螺旋劲。这样上下相合，以外在之动力济动内里之气血，鼓动丹田之阳气，在动静之间探寻龙虎交争的阴阳合劲。

术中有道——武道合一的修身之术

练习中国武术，首先要从基础的功法开始，在老师的言传身教下努力学习前人总结的经验方法，以老师之教学思路循序渐进地刻苦练习。

在漫长的功夫修习路上，莫要急于求成，亦不可一味地追求伤人搏命的技击之术。中国武术讲究以德为先，品德修为永远高于武技的修炼。在练习功夫的过程中，最为关键的是武学核心思想的学习，没有核心思想的拳家只能是在拳术功架上出功夫，不超越自己固有思想的束缚，很难有大的功夫成就。

武学文化的核心思想源于中国传统文化中的阴阳之道，这里讲的“道”非指道家修炼的阴阳之道，概指以阴阳之道来诠释武学文化修炼的功夫之道。武术是一门练习攻防格斗及修炼养生之术的综合技能。通过武学文化的学习，可以使习武者的智慧得以开发，树立正确的武术价值观，提升其整体素养。以武入道即是通过枯燥乏味的功法练习来认知形体功夫的阴阳变化之道，待形体功夫有了模样，再从意念上下工夫，使形与意合，意之所至便是有了神气。形与神聚，便能呼吸精气，独立守神。

武术的搏击技能包括踢打摔拿，攻防技击讲究的是距离与速度的变化之道，在瞬间多变的搏击中如何把踢打摔拿运用得更加巧妙，靠的是对阴阳之道的把握。搏击方法的使用尤如大医之用药，有寒、热、温、凉与酸、苦、甘、辛、咸之区分。不要一味地追求人参当归的补益之功，切记生姜大枣也是济世良药，辩证施治是其灵魂。

武术的养生之术讲究吐纳导引，吐纳即是呼吸方法，导引是用意念引导气血顺经脉之循行与相应的脏腑相合。吐纳导引分开来讲就是，吐出浊气，纳入清气；指导方向，引领气血。养生之术的练习必须先从形体上下工夫，待形体功夫劲路顺畅了，再去调整呼吸，把形体的开合与呼吸的吐纳机理结合起来，再去练习意念的功夫，从而达到形意神为一体的功夫体系。

武术的修习之道贵在变通。武术之道是从基础的技能练习上升到武学文化的修炼，在掌握“术”这门技能的基础上，通过艰苦卓绝的修炼，精益求精，练就真功绝技。从“术”的修炼中感知自然之道的变化，其核心文化为阴阳之道。阴阳讲究的是太极的变化，在变化之中遵循中正平衡法则，这时便能以道演武，演绎阴阳平衡之道的太极拳学。动静、开合、升降、刚柔皆是以阴阳变化为其根本，究其实用搏击与养生延年之道，全凭乎习练者思想意念之导向。偏于阴则阴中生阳，偏于阳则阳中生阴，如此方能合乎阴阳变化的基本原则。

拳学之道实是修身之道，武与德的修为必须上升到“道”的修习范畴，从武术、武功、武艺到武学，武道文化的逐渐递增可以明知古代拳学大家对武道文化的研究是立足于实用学说基础上的经验总结。当今，科技发达，诱惑日增，习练功夫的武者应当静心平气地把基础的“术”练好，以术悟道，在漫漫功夫求真路上探寻武道合一的修身之术。

第三章

大成之道

古往今来，但凡修习中国功夫有成就者，绝非因为单纯习练功夫一门学问而能有所大成，因为中国功夫的文化体系涵盖儒、释、道三教及中医等国学文化体系。以传统文化滋养传统武术，习练者方能在功夫之外觅得功夫之魂。以超凡之志向练就超人之拳技，佐以国学文化元素内养拳术，久久行之，水到渠成，终会有所成就。

中国功夫的修炼讲究层次与境界，真正练习功夫者与兴趣爱

好者的功夫价值观完全不同。普通练习者大多是学习些基础的拳脚攻防之技或者练习某拳派中一两套代表性的套路，有恒心持久者能学习些拳术内部的实用招式，大部分武者忽略了功力与临阵实战内容的练习。中国武术的练习讲究大巧若拙，越是高明的师父越不主张弟子、学生学习过多的招数，而是把练功的重点放在功力和实战的练习上，在开始学习基础的招式时就得讲解动作的实用方法。有些武者练了许多年拳术，学的招式也很多，实战时对付普通人和初学者还可以，一旦遇到身强体壮者招式便失灵了，究其根本原因，实是缺乏实战功夫的强悍劲道。

有恒心的武者，在习武路上会不断地努力学习和探索功夫精髓，以至于进入一种常人无法理解的痴迷状态。一个成功的武者在不同的时期要学会选择不同的老师，博采众长，不单指对拳种流派技法与文化的学习，还有涉猎宗教文化与传统中医学文化及当地的人文风俗历史文化等。研究中国武术，最为核心的应该是易经八卦文化的研究，以易经阴阳之道破译古人创拳之本意，以八卦数理洞悉天人合一的修炼之法。艺无止境，修行的武者只有内心空静，才能不断地学习进取。

依据个人的专业所长而研修武学文化，从基础的学练功夫到功夫上身，再到研究功夫而反观功夫的实用价值，最后总结功夫技法，以传统文化破译传统功夫之内涵，这看似简单的过程，实则是曲折坎坷的拳艺人生。古人云：三年一小成，十年一大成。习练功夫者，如能诚心实意刻苦锤炼师传之实用功夫，三年后必有小成。持之以恒，抛却红尘之杂念，拳心合一，十年后当能有所成就。

天地人和——武学文化中的阴阳之道

练习中国武术必须以理论指导实践，中国武术的核心理论是阴阳学说，阴阳学说贯穿于整个武学文化的技术体系之中。以阴阳、动静、开合、刚柔、攻防之道诠释武术技法，是武者通往武学大道的必修之路。

阴阳是自然界相互关联的某些事物或现象对立双方的概括。《素问·阴阳应象大论》曰：阴阳者，天地之道也，万物之纲纪，变化之父母，生杀之本始，神明之府也。客观地讲，阴阳之道是中国传统文化中的核心动力文化体系，研究中国传统文化，假如脱离了对阴阳学说理论的研究，必将是无根无源、舍本求末的空中楼阁和无源之水。故此，修习中国传统武术，须以道的阴阳辩证之法研究武学文化，在道的阴阳变化之中探寻武道合一的修炼法门。

武术之所以为术，是以其攻防技击变化为根本目的的一门技能，通过长期练习，有防身御敌、养生延年的功能。在学习武术之初，师父会以本门派的拳谚口诀来指导弟子习练招式与功法，其中的拳谚口诀蕴藏着阴阳变化的规矩方圆。拳谚口诀是历代功夫人在实践中总结出来的拳理精髓，其内容言简意赅，一语道破拳术理法的奥妙玄机。如用于实战搏击的谚语：当场不让步、举手不留情，出手似钢挫、回手似钢钩，圆守直攻、力发足蹬。这些拳谚的内在理法皆是以阴阳平衡之理论来撰写编排，可见古代师傅对于武学文化研究的良苦用心。

在中国武术的基本功法及养生延年之术的练习中，处处蕴藏着高深的阴阳哲理，如徒手功法的练习中凡是松柔的、暗合的、缩小的、向下的、后退的皆属于阴的特性，反之皆属于阳的特性。阴与阳之间又必须保持相对应的平衡关系及其消长互济的转换关系，如此形成阴阳平衡的辩证关系。武术功法的练习内容均是以阴阳变化规律来编排的顺序练习，如劈劲挑劲、里合外摆、升降开合、吞吐进退，凡此皆是依据阴阳转换变化的客观规律来练习的智慧功夫。在练习功法时，左右相合的劲力是缠丝螺旋劲，前后相合的劲力是杠杆交叉劲，上下相合的劲力是弹簧爆炸劲。缠丝劲、杠杆劲、弹簧劲三种劲力相辅相成，纵横交错形成立体互变的阴阳合劲。

武术的养生延年功能主要表现在吐纳导引的功夫上，吐纳即是呼吸精气，导引则是独立守神。吐纳的练习主要是增强脏腑的生理功能，导引的练习主要是增强经络与脏腑表里互生的功能。吐纳导引即是呼吸和意念的配合关系，练习呼吸，必须在形体动作的功夫出来后方能将动作与呼吸结合在一起练习。形体动作功夫为阳主于外动，呼吸意念功夫为阴主于内静，两者须以阴阳互生的辩证关系来把握练习，在千万次的重复中修炼阴阳动静互生的养生功夫。

阴盛极阳、阳盛极阴，即是静极生动、动极生静。静中有动、动中有静，即是阴中有阳、阳中有阴。阴阳消长的过程即是太阴与阳明的阴阳转换过程，阴阳之道可以是一个点亦可以是一个体，无论是有形体还是虚无态，其中之机要均有阴阳盛衰的变化规律。

孤阴不生、独阳不长，习练功夫者如若脱离了整体观念的辩证思想，单以一技一术而演练拳技，视精深拳理于不顾，实是拳术界匹夫之勇。中国拳术乃拳学之大道学问，小则可修身济世，大则可安邦治国，拳中之道理，学者不可不详察也。

长枪大道——修炼丹田功的秘技

丹田功向来被武术气功界视为极其神秘的延年养生功法。丹田是先天元气的聚集之处，亦是人体阴阳之气的根本之地。丹田功是以外形的脊柱与四肢协调统一配合呼吸吐纳练习的一种内壮功法，长期练习可调整五脏与六腑的阴阳平衡关系，畅通气血，延年益寿。

严格地讲，丹田功练习的是脊柱与四肢的协调平衡功能，是五脏与六腑的阴阳相济关系，是无形之气与有形之血的互生互化关系，是十二正经与奇经八脉的奇正相生关系。由此可见丹田的重要性，丹田亦有小心之称，即先天之心。首先明白丹田是一个田，从田字的字体结构上认识丹田的位置和功能。田字的中心点是人体肚脐的神阙穴，找准中心点再找上下与左右的腧穴；上面是上脘穴、中脘穴和下脘穴；下面是气海穴、关元穴与中极穴；左右是天枢穴，这样看到的是丹田的前面。丹田后面的中心点是命门穴，上面是悬枢穴，下面是腰阳关穴，左右则是肾腧穴和志室穴。了解了丹田前后面的腧穴位置，再从前后的面来看丹田的中心点，即丹田的平面核心点。这个点就是神阙穴与命门穴连线的前后中心点，此点便是先天之心，人体元气的汇聚之处。这个点可以贯通人体上下、前后与左右的气机，练功时可调整全身气机的升降开合。

六合大枪的练习是通过内外相合使周身之力传达于枪尖，行纵横之劲的秘传功法。六合大枪的练习专注于六面劲和拦拿扎的功法练习，六面劲的练习主要是双手阴把枪和阳把枪向上下、前后、左右六个方向行横竖之劲的单操功法。

六面劲练习的养生原理，是通过腰胯的拧旋折叠传劲于枪尖，主要练习五脏的生理功能。左右之横劲的练习主要调理上焦心肺的生理功能，上下之竖劲的练习主要调理下焦肝肾的生理功能，前后之竖劲的练习主要调理中焦脾土的生理功能。从练习六面劲力的方向来认识六合大枪内养五脏的养生原理，更客观地认知到传统武术文化的关联互生关系。拦拿扎练习的养生原理则是调理六腑通降的生理功能，拦、拿、扎是三个动作，可以拆开单独练习，也可以组合练习。拦是练习丹田的后面腰背部位，拿是练习丹田的前面上下腹部位，扎是练习丹田的侧面少腹与胸肋部，如此形成立体的丹田功法练习。

传统武术功法的练习讲究气沉丹田与虚灵顶劲，六合大枪的练习尤为重视身法与四肢的中正关系。中的意义是人体直立时上下的点在一垂线上，运动时的缩展开合均应保持中线的垂直状态，做到曲与直之间的中线垂正。正则是在上下垂线一体的基础上前后与左右的协调关系，如练习拦拿扎时劲力的传导是靠后脚的蹬劲传于腰胯，再从腰胯传至膀臂行于手掌。通过手掌握枪与丹田相合传劲至枪尖，这个过程必须做到方正圆活，否则劲力僵滞会导致机体气滞血瘀。

中线是人体上下垂线的沉浮之劲，方正则是人体左右与前后的圆通之劲。中正一体是练习六合大枪的基本原则，六面劲的练习具有强壮五脏的生理功能，拦拿扎的练习具有通调六腑的生理功能。以动作之外三合配呼吸之内三合，拿住丹田练内功，刚柔互练，持之以恒，定能修得养生延年之法。

弹腿无形——低腿暗踢的养生奥秘

俗话说：树老先老根，人老先老腿。腿是人体的生命之本，双腿分布着人体的足三阴经穴和足三阳经穴。腿部的经络不通实则是脏腑功能虚实不调的原因，当然腿部的疾患也可引起脏腑功能的失调。故此，双腿功能的健康与否直接体现了五脏六腑功能的盛衰。

由于人体腿部承担着整个身躯的重量，加之现代人腿部的运动量很少，极易导致腿部的骨骼、筋脉、经络产生疾病。六合腿法的练习对于足三阴经和足三阳经有疏通经络、畅通气血的作用，正确的练功方法讲究劲道的发放，以柔运刚，静极生动。看似简单的踢腿，实则是手、眼、身法、步与精、神、气力、功的整体运动，如此方能达到养生内壮的作用。

六合腿法的练习与实用讲究低腿暗踢，脚打人不知，故有“低腿不过膝，高腿齐腰平”之说。六合腿法内容丰富，代表性的有蹬腿、弹腿、铲腿、泼腿、勾踢、挂腿。针对不同的腿法与踢法均有其相应的养生功效。

练习六合腿法时讲究阴阳相济，动静分明，如练蹬腿必练弹腿，练钩踢腿必练挂腿，练铲腿必练泼腿。这种练功的目的是为了练习腿法劲道的阴阳平衡，使足三阴经与足三阳经表里相合，气血畅通。只有选择正确的练功方法才能达到养生祛病的功效，否则徒劳无功。现将六种腿法的养生作用与发劲原理做系统介绍。

蹬腿的练习主要是疏通足太阳膀胱经气血，本经腧穴主治头、项、目、背、腰、下肢部病证，以及脏腑、神志病。其发力点在脚后跟，踢腿时脚尖向上方钩起，屈膝前蹬，蹬出即收回。弹腿的练习主要疏通足阳明胃经气血，本经腧穴主治胃肠病和头面、目、鼻，以及经脉循行部位的其他病症。其发力点在脚面和脚尖，踢腿时脚面绷直，屈膝弹腿。蹬腿和弹腿是一对，蹬腿的力线是斜向下，弹腿的力线是斜向上，形成正前方上下的斜行劲力。

铲腿的练习主要疏通足少阳胆经气血，本经腧穴主治侧头、耳、目、咽喉病和神志病，以及经脉循行部位的其他病证。其发力点在脚外缘，铲腿时脚面绷直，脚尖内扣，屈膝小腿内旋，由高向低斜向前方铲踢，犹如脚刀一般，劲力迅猛。泼腿也称泼脚，主要疏通足太阴脾经的气血，本经腧穴主治脾胃病和经脉循行部位的其他病证。其发力点在脚掌的公孙穴，泼腿时小腿外旋，脚尖前钩，其劲力犹如双手端盆将水泼出一般，故名泼腿。铲腿和泼腿呈对应之式，铲腿是足内旋斜向下发劲，泼腿是足外旋斜向上发劲，实战时形成斜行的拧挫劲，充分体现了脚下功夫的斜行寸劲。

勾踢腿的练习主要疏通足少阴肾经的气血，本经腧穴主治肾、肺、咽喉病，以及经脉循行部位的其他病证。其发力点在脚脖与脚底的涌泉穴，钩踢时后腿脚尖蹬地，脚后跟与地面形成合力，小腿内旋，脚尖斜向前方钩起，犹如刮地之风。挂腿的练习主要疏通足厥阴肝经的气血，本经腧穴主治肝病和经脉循行部位的其他病证。其发力点在小腿后面与脚尖前面的太冲穴，发力时小腿靠膝关节屈腿之劲向后挂腿，以腰胯的旋转带

动小腿内旋，发力时有“挂塔”之劲。钩踢腿与挂腿的练习也称钩挂连环，实用时两种腿法可变化使用，或钩或挂全在一念之间。

纵观以上腿法练习的养生之道与劲力分析，无不渗透着阴阳辩证哲学。以点带线，以线成面，以手脚相合之式练就立体的混元之势，方能成就动静阴阳的六合养生劲道。

梅花桩功——花开五瓣的智慧功夫

梅花桩功是以阴阳五行生克变化之理而练习的一种桩功，名取梅花，其意有二，一为梅花在冬未尽春未到之时而盛开，有先知先觉之能，二为梅花历经寒冬而花开五瓣，内含金、木、水、火、土五行之理。

梅花桩功是习练中国武术提升高层次功夫的必修之功，长期坚持可内练肝、心、脾、肺、肾之内五行气血之功，外练筋、脉、肉、皮、骨之外五行筋骨之功，如此内外双修，以求天人合一之道。梅花桩功的练习是一门实修价值颇强的实用功夫，无论是从养生学还是从实用搏击方面，都具有极高的应用价值。

桩功练习的高低分类有低桩、中桩和高桩三个层次，在练习时有严格的讲究，在旧时的武林拳派中都有桩功训练，以求其实用制敌与延年益寿之用。如久负盛名的梅花拳就是以梅花桩的练习为主要训练内容，当然还有丰富的拳械等对练内容。名震武林的内家拳八卦掌有走八卦桩、七星桩和穿行九宫桩的训练内容，走转起来如游龙一般首尾相应，起伏转折，人桩合一。还有近年来名气较大的咏春拳练习的木人桩，是以近身短打木桩的“手臂”与桩体为主要表现形式，用于练习模拟实战的一种方法。河北沧州流传的戳脚拳派以低脚踢桩为主要练习方法，可以在木桩的底部立砖数块以脚踢之，加强脚部杀伤力，功深者可脚起桩断。还有内家拳中的形意拳，以劈、崩、钻、炮、横之五行拳击打直立木桩，以求震通经脉，增长功力，达克敌制胜之功效。集禅拳合一为修炼法门的少林拳系，针对桩功练习更有一套严谨而科学的训练体系，对于踢、打、摔、拿技法的练习均有独特的踢桩、靠桩、走桩、站桩等练习方法。凡此种种，皆是中国武术桩功之练习方法，观其作用均有内外双修之效，其共同目的皆为提升功夫境界而练习的 “硬功夫”。

梅花桩功练习的最大特点就是在金、木、水、火、土五行的生克之理上，进行靠打走转变化的练习方法。五行相克的十字交叉线与相生的弧形线形成奇正相生的阴阳八卦阵，以五行生八卦体现了中华武学文化的渊源与博大精深。梅花桩的每一个桩都可以单独练习，以一生二，二生三，三生万物的智慧来演绎五行梅花桩，看似练桩实是开悟智慧的高层次修炼。梅花桩的桩体不是单独的一套桩架，可以建造两套至三套梅花桩架，这样练习起来更能体现五行八卦奇正相生的阴阳哲理。

梅花桩功的练习方法在武林拳派中一直是不传之谜，真正的梅花桩功并非大家看到的走桩、打桩之类的普通练法。近年来为了挖掘整理传统私秘练功方法，笔者走访请教各武林拳派嫡宗传人，现再结合民国时期出版的拳谱记载，总结梅花桩功的练习方法大致分为上、中、下三盘练法，如在中盘（桩与桩之间）练的是转桩，即以独特之步法配合身法在桩与桩之间进行走转靠打；在上盘（桩上）练的是走桩，即练习者站在木桩之上配合手法划圆变化，行走转之式，练习手法与步法的协调功能；在下盘（桩下）练的是蹲桩，即练习者在梅花桩的下三分之一处以木板相隔离，在隔离板下进行蹲桩变式的功法练习。还有在桩外练习的踢打之技，即练习者在桩外进行远距离腿法组合变化的练习方法。梅花桩的基本功练习要求非常严格，起初走的并非是五行桩，可以先走直线型的低桩，待功夫长进了再跑桩，在桩上行走自如了，方能登上梅花五行桩而练习相应的功法与套路。

据武林拳派嫡系传人介绍，在梅花桩的桩体选材上也有高低粗细之讲究，如细桩的练习是在走桩时要求以脚掌包裹木桩，粗桩则要求以脚踩木桩中心进行单脚支撑动作的练习。练习靠打的木桩则要求能左右前后地晃动，以此卸掉打击木桩时形成的反弹之劲，防止对人体造成伤害。练习者还可以用器械击打木桩，练习虚实结合的攻防技法。练习桩上功夫时还可以在梅花桩上进行抛接石锁、抓坛、抖大枪等传统的功法练习，功深者可以在桩上进行踢、打、摔、拿技法的对练模拟实战练习。练习梅花桩时要求意念专注，以桩视人，形成假象敌，实战时以人当桩，将对方视为活体移动的木桩，达到“无人似有人，有人似无人”的境界。

久练梅花桩功，可以提高人体的先知先觉之能，特别是通过高空走桩的练习，无形中练就人体的一种感知能力，一种天人合一的正能量磁场。蹲桩的练习，对于丹田气的鼓荡作用有着极强的养生功效，通过下蹲缩身蹬弹小腿击打木桩，这不是一般武者所能练就的下盘功夫，气沉丹田就是蹲桩练习的大成功夫。

以梅花五行之理练习梅花桩功，内涵五行之理，外取梅花精神。梅花象征坚忍不拔、百折不挠、奋勇当先、自强不息的精神品质。诗曰：墙角数枝梅，凌寒独自开。遥知不是雪，为有暗香来。梅花是我们中华民族最有骨气的花，梅花精神也是我们习武之人必备的傲骨精神。

拳由心生——六合心意靶的养生之道

六合心意靶是古少林拳派功夫体系中的核心功法，六合心意靶的练习与实用在武林界备受争议，致使真正学习功夫者很难寻觅到纯正的六合心意靶拳学体系。

严格地讲，六合心意靶功夫是一个概念，通过这种概念的理解与学习，使学练功夫者提升其对功夫的客观认识。六合是内外三合的概称，外三合是肢体动作手脚与肘膝及肩胯的螺旋交叉相合，内三合则是指意、气、力在思想意识的指导下形成的一种吐纳导引状态。

拳由心生，心与意合。心意靶的心在这里特指先天之心——命门，即脐下三寸丹田之处，意概指思想意识情志的变化；靶是指攻击发力击打的目标。以六合的文化概念来指导心意靶的动作练习，就是在思想意念的指导下，以六合之缩合劲练心，以六合之开张劲练靶，形成表里合一的攻防之劲。

六合心意靶的练习客观地讲是脊柱的练习，脊柱的练习又称为龙骨运动，其练习方法分别是前后劲、左右劲和上下劲。从养生的角度来看六合劲练习的分类，前后劲练的是任督二脉，左右劲练的是带脉，上下劲练的是冲脉。在向一个方向发力时其余的五个劲均参与运动，也就是点线面体的整体运动。以脊柱为核心把丹田压缩的劲传于梢节，再由梢节回传于脊柱，形成阴阳转换的刚柔之劲。

脊柱的练习主要是刺激人体的奇经八脉，在练习前后劲时通过脊柱的前后运动达到开合互练，如向前的收腹含胸是合任脉开督脉，向后的拔背提裆是合督脉开任脉。脊柱的前后运动正是通过筋骨的蠕动来打通任督二脉，使之统领人体阴阳经络之气血，任督相合即是人体阴阳气血相合。脊柱的左右运动则是摇身晃膀与拧腰调胯横向型的运动模式，也是拳术中讲的缠丝劲，严格地讲是脊柱的左右旋转变化。摇身与拧腰是脊柱中正的左右旋转，晃膀与调胯是脊柱左右劲的延伸，通过练习脊柱的左右劲可以刺激人体的带脉，带脉如同人体的腰带一般在腰腹部，有固护先天之本和人体十二经络的作用。带脉也是人体唯一横向型的大经脉，通过脊柱的左右旋转运动增强带脉的气血循环量，以使后天脾胃之气血滋养先天之本。脊柱的上下运动主要是升降沉浮的运动模式，向下则是借地心引力的沉降之劲，向上则是借地心引力的反作用力。脊柱的上下沉浮劲是练习冲脉气血的核心功法，冲脉为十二经之本又为血海，有濡养四肢百骸之功。行拳走式时以腹部的挤压来通调下焦，升清降浊，使得人体气血畅通于十二正经之中。

脊柱六合劲道的练习是一个由简至繁、循序渐进的练习过程，初学者可以单独练习一个面的劲道，待两个面的劲道熟练后再组合练习，最后形成前后、左右、上下的整体虚实劲道练习。由脊柱之劲传于四肢梢节之劲，是由筋骨劲到气血劲再到脏腑劲的虚实转换阴阳合劲。在练习若干年后，慢慢地便能领悟心意靶的“心”练的是气血脏腑之功，“意”练的是魂魄精神，“靶”练的是筋骨皮肉之功。如此以阴阳之道演绎武学拳理，用功日久，自然能贯通心意拳学的虚实变化之道。

形意八卦——通往武学大道的理论基础

这里讲的形意八卦非指武术拳派中的形意拳与八卦掌，形意八卦在这里特指武学理论中的阴阳虚实转换之道。形和意是阴阳虚实体的概称，八卦是阴阳消长的转换模式，两者以阴阳变化之法来诠释武学攻防格斗与养生延年之道。

形意以阴阳概念来分解的话，形指阳，意指阴，阳中有阴，阴中有阳，形中有意，意中有形。形意之道，即外在形的练习是在意念的引导下进行运动，内里意念导引是通过外形的运动来鼓荡气血循行。如此，形的练习是外在的筋骨皮肉的表现，意的练习是内里意念的精气神韵的表现。以形合意，再以意合形便是形意功夫的阴阳相合之道。

拳术中的起伏转折与规矩方圆皆有形意之道，形为有形之物，意为意念之想。待功夫练到一定的境界，形便能脱形为意，意也能化意成形，练至形意互换、刚柔互化的境地。有形体为虚，无形体为实。有形的动作在意念的导引下可以随势变化，看到的只是瞬间的停留，整体的变化是摆脱有形之束缚而通往无形之意念，化形为意，以意和之，有无相生。在技法上主要表现为变劲功夫，在练法上则是招式的虚实转换，在功力上则是浑厚简朴的劲道变化。

练习拳术之初必须明白动作招式的攻防用法，以攻防格斗的基础理念去矫正拳架的规矩方圆是比较客观的一种方式，明白每一招式的基础用法，即是知其然也。此便是以意念导引气血到达动作的发力点，使外形合于内意。待习练拳术者的人生阅历与技术水平提高到一定程度时，要以形固意，攻防格斗的理念不必太重，守住意就可以了，使形不断意相连，意之所至形便随意而行。明白招式与招式之间的虚实变化，即是知其所以然也。此便是以形态之变化固守意念之导引，使内意合于外形。

形意互化是在千锤百炼中的一种感知，是拳禅合一智慧的顿悟。修炼传统功夫最大的益处就是明白自我，在形与意的虚实变化之中踏踏实实练拳，以拳术之动静虚实变化顿悟阴阳之道。以此参悟拳学中的“开合”秘诀，明晰人生哲理的阴阳盛衰乃是自然之道。

八卦理论是阴阳学说的数字化，从阴与阳之间的盛衰变化来演绎天地万物的自然法则。八卦理论有先天八卦和后天八卦之分，先天八卦是依据阴阳盛衰之变化而对应的卦象，通过先天八卦的循行走向可以明白阴之盛衰是太阴、少阴、厥阴的转换过程，阳之盛衰是太阳、阳明、少阳的转换过程，通过阴阳的图示法来诠释卦象的对应数理。阴阳相合便是艮、坎、巽、乾与兑、离、震、坤互相对应的阴阳卦象，依此卦象演绎阴阳的消长转换（图3-1）。后天八卦则是在五行金、木、水、火、土的生克之间对应走向的阴阳变化之道，这时的卦象讲的是阴阳的具体参数，即依五行相克的规律先定金、木、水、火的特性，依其特性再结合事物的运动法则便能运用卦象的生克之道。如坎离之卦属于水火，震兑属于木金，通过五行生克之道了解卦象中的阴阳转换之理是阴阳变化的自然法则（图3-2）。

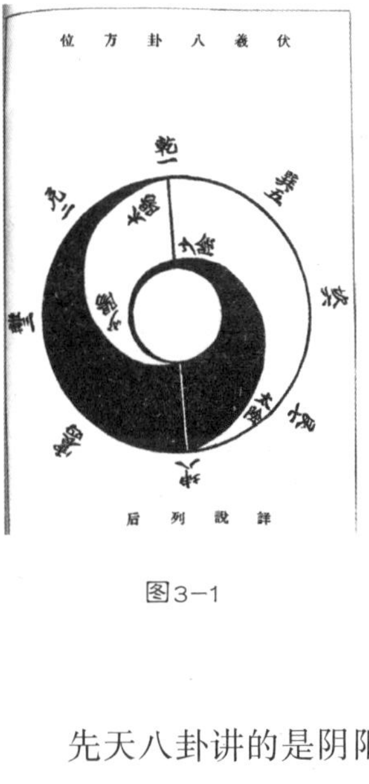

图3-1

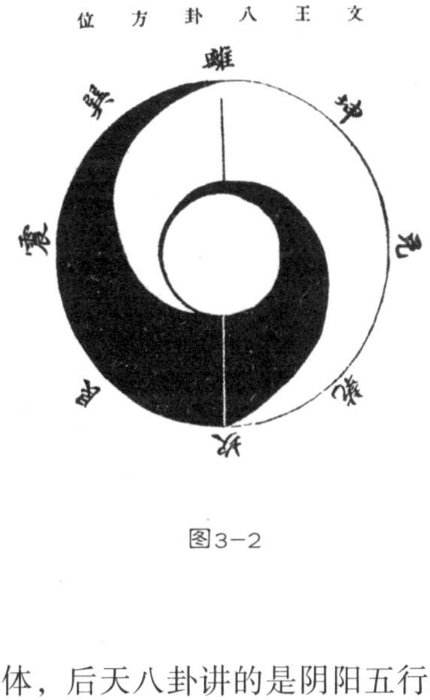

图3-2

先天八卦讲的是阴阳盛衰之体，后天八卦讲的是阴阳五行生克之道，以道的阴阳平衡观来使用后天八卦，客观地讲应该先后天结合灵活使用。练习拳术至精深之时，务必研究八卦学说，以八卦的卦象来体悟拳学的阴阳变化之法。古人云：大道至简。简化的就是阴阳平衡之道。阴阳的平衡之道是通过阴阳的消长转化与互根为用达到的一种平衡态，这种状态无论是处于盛还是衰，其中均有阴阳的对应法则，处于何时便有何时的卦象。拳术家通过学习卦象的理论来明晰古人创拳之根本目的，同时指导自己的拳学修炼历程，以某一卦象的阴阳之象来练习某一功法。通过功法的卦象再演绎其实用方法，这就是以一卦生八卦，八八六十四卦的意思。

拳术中具体动作的哪一式与哪一卦相合，各拳派有各拳派的认识，然其中之理法皆以阴阳变化为其枢纽，此卦与彼卦呈相生相克之理。有智慧的武者贯通古今，学以致用，以易理为拳学理论，参悟古代先贤的无为智慧，在枯燥乏味的武学之道上寻觅拳学的至真之道。

形意八卦学说如同太极学说一样贯穿于整个中国武术的高层修炼之中。修炼中国功夫者如能窥破拳派门户之见，以中华文化之易理为核心拳学理论，便能登堂入室，豁然顿悟拳中之道乃自然之道是也。

有容乃大——武者必备的心胸格局

学练中国功夫必须博采众家之长，从精神思想上放下架子、低调谦和，客观地认识武术文化的博大精深，不要盲目地迷信崇拜个别武术传人不切实际的假乱功夫现象。须知，真功夫的修习过程，是武者在师承的基础上需要持之以恒、千锤百炼的艰辛历程。

严格地讲，练功夫如同苦行僧一般要放下很多红尘凡事，从基础的筋骨皮肉外功到高级的脏腑气血内功，再到魂魄精神合一的内外修炼之法，均要经历忘我而又能找到自我的尚武之魂。师父的传承至为重要，但也不要一味地活在师承拳派的神秘文化之中。每一位拳派师父的身上和精神上都有可贵之处，作为学徒更应该客观地认知功夫文化与技术应用的实际价值，万不可脱离实际练就你争我斗的嘴上功夫。

在修习功夫的坎坷路上，武者要有海纳百川的学习精神和慈悲向善的包容之心，有容乃大是一个武者必备的心胸格局，练功夫练的就是一个人的心胸与气量。无论是功夫拳技还是品德修为，均要有海纳百川的包容之心，在拳技上要容师恩之教导，容较技之胜败，在武德上要容世事之变故，容常人不容之事。在师承拳学的基础上再博采众家之长，演绎适合时代发展的功夫体系，有容乃大，不失其真，务实客观地传承，尽显功夫文化的时代魅力。

武林的圈子怪事多，练功夫的少，搬弄是非的多，这些人连最基本的踢腿拔筋都不去练，反而坐镇武林唯我独尊。武术的练习异常辛苦，修炼功夫不是会几个套路懂几个打法那么简单，更不是拜在名师门下，以师承正统而傲视武林。功夫的练习讲究外练筋骨皮强四肢百关，内养精气神益五脏六腑。修炼功夫除了遵循阴阳之道变化的客观规律外，还要不断地学习和研究武术新文化和新技术的应用价值，更应该把好的功夫传承发扬光大。

练功夫讲究气沉丹田，即把上焦的呼吸之气导引至脐下丹田，继而通过脊柱旋转使中焦水谷精微之气上循于心肺再贯通于下焦肝肾，以达练精化气之功效。功夫人要以练功夫为其根本事务。练功夫的概念应该是广义的，不应局限于孤立的拳术技法概念，应该是更深层次的功夫文化概念。通过“练功夫”来提升武者对功夫文化的修为境界，通过“练功夫”来分享功夫文化带给我们的健康生活与精彩人生。

魂归武林——练武人的精神归宿

对中国武术的执着追求靠的是坚毅的尚武精神，作为一个武者最重要的是精神世界的修炼。静心修炼是一种境界，更是武者通往武学大道的一种方式。长期坚持修炼中国武术，靠的是一种信念和责任，更是一种发自内心至高无上的精神信仰。这种信仰便是传承中华文化勇武智慧的尚武之魂。

但凡有成就的功夫高手都要经历几十年的潜心修炼，很少有速成的天才，即便天赋再高，入了“武行”也要脚踏实地地练功夫，功夫就是时间，耗时间、通过各种方式来锤炼身心。日积月累，机缘巧合遇名师教化还要博采众长，看修炼者的悟性与禅缘方能练就真功在身。这还是比较顺利的功夫之路，大部分习练者都将因考学、恋爱、工作、家庭、事业等种种原因半途而废。这很正常，也符合二八定律。不单是武行，其他行业也是如此。但凡能坚持下来的，靠的是一种信仰和精神上的追求。

一个人，无论在任何一个领域里，假如单纯为了眼前利益去做这件事情的话，这件事情肯定是长久不了的。当今社会人心浮躁，大多数人急功近利，为了谋取蝇头小利及贪图一时之快乐，而丧失了做事情的恒久之心。特别是修炼武功的武者，在练习武功的艰辛路上务须抛却名利之心，以传承先贤之智慧为己任，刻苦练功，努力钻研武学文化的精髓，静心历练。随着年龄及生活阅历的丰富，在不同时期修炼不同内容的功夫技能。通过自身不断的努力来提高自身的整体素养，武功的修炼本身就是一种至高的修身之道。通过外在踢打摔拿的练习达到强健体魄、防身自卫的功能；再通过内里吐纳导引来调摄精气神韵，达到延年益寿的养生功效。内外双修、表里合一是中国武术区别于其他竞技运动的特殊之处。

中国武术的最大特点就是文武双修，著名的梅花拳在教授弟子的拳学内容上就有文场和武场之区别。少林拳讲究禅拳合一，其中的禅学就是武学文化的理论基础，通过练拳反观禅修之道，以拳修禅，成就文武之身。古往今来，有成就的拳学家并非单纯地在武术之技法上有所大成，而是以文武合并之整体文化的修炼来提升自己及拳学的修炼之道。功夫出自拳外，这里讲的功夫就是武术中的一种技能，通过技能的修炼来认识“道”（一阴一阳谓之道）学中的渊源；中华文化博大精深，通过文化的滋养来成就功夫中的技能，这时的技能便进入了道的层次。单一地练习某一技法只能是在一招一式上赢得小成，若要有大的成就，必须以文养武来启发拳学之灵根，达拳道合一之境地。

长久坚持练习武功者，没有相当的毅力很难坚持下来。练习武功者不单要功夫有所成就，家庭事业也要成功，以武观德，不能因为练习武功而成了不食人间烟火的怪人。故此，能够坚持下来的绝非等闲之辈。武学文化的传承是带有流血竞争的特殊文化，它的传承是强大自我和超越自我而又能反观自我的内修之道。如此，在漫长而艰辛的功夫修习路上靠的是一种信念，一种超凡而又接地气的武林之魂。

浩然正气——拳学修为的至真之道

拳谚云：师父领进门，修行在个人。练习传统功夫最为关键的是找到适合自己练习的拳种功夫。在师承的基础上潜心修炼，以术悟道，真正领悟修行是门智慧学问。故此，成功的武术家均要经历若干师父的传授与雕琢，博采众家之长，最终形成独特的风格体系，以度有缘之人。当然也有一生只练一拳一派功夫者，或精于某一技法而传授弟子，或低调行事专心于生活、事业，功夫的修习只是作为兴趣爱好或者锻炼身体而已。

真正修习中国传统功夫者是要付出很大的代价，单就个人的悟性就非常之关键，这里说的道理便是“修行在个人”的事了。有好的师父可以领着徒弟步入武学正道，这个道就是武学文化的修炼之道。以中国传统文化为底蕴学习武术的精深拳理，通过实践认知拳理拳论的玄妙之处，再以古朴简洁的拳论指导武功的修炼，反复实践持久行之方能有质的飞跃。如果遇到心胸狭隘的师父你就遭殃了，这种师父在当今拳界非常之多，自己的眼界如同井底之蛙，以管窥天，以隙视纹，只顾眼前，不顾身后；唯恐弟子学生超越自己，不但不去研究武学正道，反而诋毁武术的发展前景与修炼武术者的积极性，害得朋友圈中意志脆弱的习武者放弃对武术的执着追求；要求这一生只能跟着自己练，其他的师父都不“中”，观其言谈举止与行走坐卧，一身的负能量。凡此种种，不胜枚举，真是武林界一害群之马。

修炼中国武术必须有正确的人生观和价值观。武术的练习本身就是浩然正气的修炼，明确武术的核心价值观，在漫漫习武之路上定能练出无为之道的上乘武功。上乘武功的修炼首先是武功的养生之道，修身之道贵在明晰自己肉体俗身的结构。如十二正经与奇经八脉的相生之道，五脏与六腑的阴阳相合之道。练习武术不去弄清自身的机体结构，怎能去练习脏腑阴阳的平衡之法！还有最为关键的阴阳五行原理，阴与阳的平衡关系，五行生克乘侮的正反之法以及练习武术时的上下、前后、左右互生变化的关系。不明白这些道理，只能弄得与大自然规律相对抗，虚实不分，舍本求末，致身衰气虚而技不如人，志不坚意不随，渐渐地便放弃了对于武学之道的执着追求。明白了武术的养生价值，还要更进一步地领悟武术之魂魄——搏击的应用之道，因为界定某一招式的规范与否，最为核心的鉴定标准便是此一动作的搏击方法与搏击功效。这种虚实变化的搏击原理依然是建立在阴阳相济的平衡之道上，通过转的运动形式递增自身的能量，保持自己的平衡来破坏对方的平衡，这便是武学之道的自然之道。

武术的修习在于在了解“自己”的前提下，再明白天地自然之道的变化。在时间与空间的变化之中顺应各种规律的变化，明白盈虚之道的自然法则。人生与武道相合，有缘人自能寻得众生之法门。

第四章

功成拳就

练习中国传统功夫，讲究的是要习练真功夫，而真功夫的概念有广义和狭义之分。狭义的真功夫，是指习练某一招式或某一种功夫达到出神入化的境界；广义的真功夫概念，是指中国传统功夫文化的整体概念，即武者所习练功夫的内容具有修身励志、搏击防身、延年益寿功能为一体的真功夫文化概念。

广义真功夫的核心文化是中国传统文化中的阴阳学说，以阴阳之道开释功夫之路，所练

就的功夫内容便符合天地人和谐共存的平衡法则。功夫的练习讲究的是时间，单纯有时间还不行，还要学会选择时间和利用好时间。在不同的时间段有不同的练功内容，亦有不同的练功方法。如四季之春生、夏长、秋收、冬藏，这是一年之中四季阴阳盛衰的自然规律，练功夫者必须遵循自然法则，适时而练。

一月之中又有月初、月中、月末之分。月初为阳气开始萌动之时，此时练功宜平缓，感受天地自然之中的阳气与机体的结合，在动中找寻练拳时的刚柔之劲。月中阳气最旺，同时阴气也开始萌动，此为阳盛极阴的阴阳转换时间，练功时不宜太过，一定要控制住练功的量，因为此时阳气旺盛，人体因阳气上浮而易于急躁，练功时应当静心练习下盘功夫，以达滋补肝肾、填补阴精之效。月末阴气隆盛，而阳气又渐渐升起，此为阴盛极阳的转换之时，练功

时宜于大动，对功力性极强的功法应当加强练习，此为阴中求阳之法。特别是针对上盘手臂加强练习，以达上调心肺、宣通气机之效。在一天之中又分阴阳，但凡有师承传授者均能按师传之要求，勤勤练之，日就月将，必有所成。

俗语云：滴水能把石穿透，万事功到自然成。功夫下到了，事情便能有所成就。练习中国功夫贵于日进，以阴阳之道的辩证之法在时间和汗水中锤炼自我，以功练拳，再以拳悟道，这时练的拳就是道，是天地人合一之道。功成拳就，说的就是这个道理。

象形取意——金刚八式详解

金刚八式是古传少林拳派功夫典型的功力性拳法。金刚八式意取金刚为名，其意是指以金刚之志磨炼身心，通过千锤百炼铸就金刚体魄。金刚八式的练习体现了武者勇往直前、无所畏惧、奋勇拼搏的尚武精神。

金刚八式的名称分别是降龙、伏虎、穿捶、分心掌、丹凤掌、野马掌、双推掌、炮捶。其特点：大开大合、直来直去，外主刚猛、内示安逸，气势磅礴、劲力迅猛。通过学习金刚八式的名称和特点而知晓动作招式的实用价值和文化渊源，八式的每一式在练习与应用时讲究象形取意、意动形随。通过内心思想来指导外形动态的细微变化，使之举手投足皆以形意相融为其规矩，力求象其形取其意，在形意之间练就金刚威猛之势。

金刚八式的练习方法非常丰富，单就每一式的单练就有许多种练法，如降龙掌的练习方法分别有单式的左右式练习方法、单式的左式单练及低架和高架的练习方法，还有每一式的快练和慢练。待每一式的动作熟练后可以组合练习，如降龙、伏虎两式的组合；针对这两式的组合还有单独的练功歌诀，如拳谱记载：降龙伏虎呈刚强，手打起落人难防。脚打踩意不落空，消息全凭后脚蹬。待到组合动作娴熟后便可以进行成套的路子练习，即八式的左右式整体套路演练。通过金刚八式套路的练习，有内调脏腑、外通经络的养生作用。

单式功法的单练主要用于提升武者的内功劲力，即便是套路的练习非常完美到位了，还是要坚持单式动作的重复练习。金刚八式的练习方法讲究式简而意繁，看似简单的功法招式，实则内藏攻防克敌的实战玄机。拳谚云：打法须要先上身，手脚齐到方为真。金刚八式中的每一式均有踢、打、摔、拿的实用技法，四种技法又分阴面用法和阳面用法，这样一式之中就有八种用法，八式共计八八六十四种用法。在练习每一式时师父一定要给弟子讲解招式的实用方法，当初学者明白了基础的用法后，再去重复练习单式，当有事半功倍之效。

传统功夫的练习讲究师徒之间互相喂招找劲，以此提高实战技法的灵活性。金刚八式的练习也要进行实战对抗性的喂招练习，通过喂招可以潜意识地提升武者徒手搏击的实战感，培养临敌应战时不畏强势的胆气。在练习喂招的同时，每一式的单练还可以结合辅助器械练习，如穿捶的练习可以结合抖大枪练习，丹凤掌的练习可以结合抖皮带练习，分心掌的练习可以结合手臂靠打木桩练习。这些传统的功法都是为了提高武者真打实战功夫，也是研究传统功夫必须修炼的基本功夫。长期练习均有强健筋骨，蓄养人体元气的养生功效。单式功法的练习一定要讲究动作与呼吸的配合，每一式蓄势合劲时要吸气，发力舒展时要呼气，使动作与呼吸内外协调，做到以形聚气，以气发劲。

金刚八式的功法与套路练习，务须做到外象于形，内取于意。在外则讲究身法上下一体可矫正脊柱，在内则讲究呼吸开合鼓荡可调理气息。发劲之时有山崩地裂之势，呼吸之间有虎啸龙吟之声。在进退与升降之间把握身法之中正，以形练意，以意和形，脚踏实地，劲走八方。以无形之气，练就有形之意，此为象形取意之本意是也。

规矩方圆——金刚八式套路练习

刚柔曲直、纵横捭阖、起落进退、收如猫伏、纵如虎放、以中平为宜、以正直为要，是练习金刚八式的基本原则。

一、起式

无极式：并步站立，虚灵顶劲，沉肩垂肘，双手下垂于大腿外侧，舌抵上腭；目视正前方，自然呼吸（图4-1）。右手向前上方抬起，高过头顶；目视右手中指（图4-2）。随即右脚抬起落脚震

图4-1

图4-2

图4-3

步，左脚向左侧方迈步呈虚步式；右手下按，左手前撑；目视正前方（图4-3）。此又称三体式，即上、中、下三路虚实分明。

二、降龙掌

降龙掌为金刚八式之开山式，其动作劲力迅猛，势小架大。震脚发劲，刚柔并济、形神兼备。因练习与实用时气势磅礴，劲力纵横，有降龙伏魔之势，故名降龙掌。

接上式，左脚向左前方迈一步，右脚上步脚尖点地，身法下沉成缩身式；双手置于胸前；目视正前方（图4-4）。左手下按，右掌前推；同时右脚向前迈步发力，后脚尖蹬地；目视右手虎口。此为降龙掌右式（图4-5）。上动不停，右脚向右前方迈一步，左脚上步脚尖点地，身法下沉成缩身式；双手置于胸前；

目视正前方（图4–6）。身法上浮，右手下按，左掌前推，同时左脚向前迈步发力，后脚尖蹬地，重心在前腿；目视左手虎口。此为降龙掌左式（图4–7）。

图4–4

图4–5

图4–6

图4–7

三、伏虎式

伏虎式，练习与实用时动静开合，蓄势时静如猛虎潜伏，蓄势待发，发劲时动如猛虎显威，勇猛无敌。练功发劲时结合身法之变化，按手式与挑手式形成的上下相争之力，瞬间发劲，发出犹如猛虎抖毛之激灵劲。

接上式，左脚向左前方迈一步，身法下沉，左腿屈膝下蹲，同时右脚尖点地，成丁步缩身式；左手放于右肩，右手下置于左腿外侧；目视正前方（图4-8）。上动不停，身法上浮，右脚向前方迈步踏脚，重心在前腿；同时左手下按向后捋手，右手上挑，劲至梢节；目视右手。此为伏虎式右式（图4-9）。接上

图4-8

图4-9

式，右脚向右前方迈一步，身法下沉，右腿屈膝下蹲，同时左脚尖点地，成丁步缩身式；右手放于左肩，左手下置于右腿外侧；目视正前方（图4–10）。上动不停，身法上浮，左脚向前方迈步踏脚，重心在前腿；同时右手下按向后捋手，左手上挑，劲至梢节；目视左手。此为伏虎式左式（图4–11）。

图4–10

图4–11

四、穿捶

穿捶是练习以捶带身，碾步闯劲，身捶相合之浑厚劲为主的功法动作。因其劲力的运行路线是以前手所划之圆圈为空间，然后迅速以后手之中平拳带身法从前手所划之圈中穿过，故名穿捶。

接上式，速上右脚扣步于左脚尖前；右手收于腰部左手不动；目视左手掌（图4–12）。左脚提起向左侧方迈步，成马步式，左手随即向外摆拳，目视左拳前方，成马步撑捶式（图4–13、图4–14）。

图4–12

图4–13

图4–14

接上式，左手向外划圆一圈，收于胸前。身法上浮，左脚提起屈膝向外旋转落脚震步，后脚尖蹬地（图4-15）。身法下沉，右脚迅即向前迈步成马步式；同时右拳前撑，左拳抱于小腹前；目视右拳前方。此为穿捶右式（图4-16）。上动不停，图4-17、图4-18为穿捶左式，练习方法同右式，唯左右相反。

图4-15

图4-16

图4-17

图4-18

五、分心掌

分心掌是练习左右之横向劲力的功法动作，因动作的运行路线是从左至右的里外劲力，有开肩展背、宽胸理气之功效，故名分心掌。

接上式，身法上浮，左手臂随左肩向里旋转；目视左拳（图4–19）。右脚震步，右手随左手同时抱于肩肋部，身法下沉成马步式；目视左前方（图4–20）。拧腰调胯，身法向外旋转，劲至膀臂再传至手指梢节，此为分心掌左式（图4–21）。上动不停，收左脚震步，随即身体左转，上右步成马步式，双手臂环抱于肩

图4–19

图4–20

肋部，目视右侧方，蓄势待发（图4–22、图4–23）。身法随脚下之旋转，摇身晃膀，双手臂向外发横劲，劲至梢节；目视右手前方。此为分心掌右式（图4–24）。

图4–21

图4–22

图4–23

图4-24

六、丹凤掌

丹凤掌练习时以步带身，劲力斜闯，结合双手缠丝劲上下交错，发放螺旋交叉的杠杆劲。丹凤为鸾的一种，首与翼皆赤。《禽经》："鸾，首翼赤曰丹凤。"丹凤掌取其动作舒展大方，动静和谐。

接上式，身法上浮，提右脚收于左脚前，同时右腿向外旋转屈膝震步。身体向右旋转；右手向外划圆掌心向下置于胸前，左手防守于右肘下；目视正前方（图4-25）。上动不停，左脚向前迈步成马步式，随即左手上托，右手下按形成上下的合力，目视左手前方，重心在前腿，此为丹凤掌左式（图4–26）。上动不停，图4–27、图4–28为丹凤掌右式，练习方法同左式，唯左右相反。

图4–25

图4–26

图4–27

图4–28

七、野马掌

野马掌以练习侧面的斜推劲为主，动作雄壮有力，起腿钩脚，落步铲腿，晃膀发力，劲至梢节。因其劲力迅猛凌厉，势如野马奔驰，故名野马掌。

接上式，身法上浮，提右脚收于左脚前，同时右腿屈膝向外旋转震右步。身体向右旋转，双手向右后方划圆一圈，双手虎口相对，肩胯相合；目视左手前方（图4-29）。上动不停，身法下沉，左脚向前迈步成马步式，双手随即向左侧方发力，劲至掌根；目视左侧前方。此为野马掌左式（图4-30）。上动不停，图4-31、图4-32为野马掌右式，练习方法同左式，唯左右相反。

图4-29

图4-30

图4-31

图4-32

八、双推掌

双推掌又称推山掌，因练习时以双手划圆（劲走缠丝），发放向前下方的斜推劲为主，后脚蹬地，身法前扑，以一身之整劲聚于双掌，有推山移位之势，故名双推掌。

接上式，身法上浮，提右脚收于左脚前，同时右腿屈膝向外旋转震右步。身体向右旋转，双手在胸前向下划圆成捋手式，随即左脚迅速提起，双手置于胸腹前成金鸡独立式；目视正前方（图4-33、图4-34）。上动不停，身法下沉，左脚前蹬落步成弓步式，同时后脚蹬地，双掌前推劲至掌根；目视正前方。此为双推掌左式（图4-35）。上动不停，图4-36~图4-38为双推掌右式，练习方法同左式，唯左右相反。

图4-33

图4-34

图4-35

图4-36

图4-37

图4-38

九、扣步转体

接上式，身法上浮，速上左脚扣于右脚前成扣步式；左手屈臂在胸前，右手在左肘下成抱球式（图4-39）。右脚提起向右侧前方迈步；同时右手屈臂顶肘，身法下沉成马步顶肘式，劲至肘尖；目视右肘侧前方（图4-40）。身法上浮，右手展开在头顶顺时针划圆，提右脚外旋震步，上左脚成虚步式；同时左手前撑，右手下按置于左肘下；目视正前方成三体式（图4-41~图4-43）。

图4-39

图4-40

图4-41

图4-42

图4-43

十、炮捶

炮捶亦称盖捶，是以身法带手法使用拳背发放斜向下的盖压劲为主。因其劲力是从怀中爆发而出的爆炸劲，又有窝里炮之说，故名炮捶。炮捶的劲力是典型的螺旋杠杆劲，通过身法的沉降起浮、伸缩开合，佐以步法的点蹬扣摆，使整体之劲力聚于前手，从而形成踏脚蹬地、盖捶压顶、势不可挡的钢炮劲。

接上式，左脚向左前方迈一步，随即身法下沉，左腿屈膝下蹲，右脚尖点地；同时左手置于右肩部，右拳向内旋转以栽拳之式发力；目视右拳前方（图4–44）。左脚蹬地身法上浮，右脚向前迈步，落脚跺地；同时左手下按，右拳从怀中向正方螺旋发劲，劲至拳棱；目视右拳前方。此为炮捶右式（图4–45）。上动不停，图4–46、图4–47为炮捶左式，练习方法同右式，唯左右相反。

图4–44

图4-45

图4-46

图4-47

十一、收式

接上式，身体重心随左拳向右侧转体；目视左拳拳心（图4–48）。左手向下划圆上至头顶接右手同时下按，双手置于大腿外侧；收左脚于右脚前并步站立；目视正前方（图4–49）。叩齿三下，聚口中津液下咽于腹中至丹田处，此时思想着头顶百会穴与脚下之涌泉穴上下贯通，胸中一团和气与天地同在，此天、地、人合一之道。双脚并步站立，行抱拳礼结束（图4–50、图4–51）。

图4–48

图4–49

图4-50

图4-51

引火归元——收功式

修习中国功夫的终极目的是提高生命质量，使身心健康而能延年益寿。许多武者由于练功方法不当，至中年时期便有隐疾复发，长年累月饱受哮喘、痨病及筋骨疼痛疾病的折磨。究其根本原因，一是练功内容与方法错乱，二是无名师教导误入歧途。

由于练功方法不当，致使许多武者到中老年时，便选择了广场式的太极拳来锻炼身体。从其习练的拳架招式上根本看不出当年强悍功夫的存在，或许当年也未曾习练过真打实战的硬功夫。凡名门正派，在教习弟子功夫时都有一套严谨而科学的练功体系，从基础的步法、身法、腿法、手法练习，实用搏击技法，包括养生延年和蓄养人体元气的内功习练方法，都有相当的讲究。

在练功之后有一套关键的引火归元、祛瘀排毒的功法，也是习练中国传统功夫必须习练的私密功法，即通过拍打身体重要穴位和呼吸吐纳之法，以达祛瘀生新、升清降浊的功效。其练功程序，首先是拍打身体的穴位，从上至下依次进行。其次是震荡身体，通过自身的弹跳使身体从上至下整体地震荡。在拍打穴位和震荡身体时要配合呼吸法，以达吐故纳新之效。最后是梳头洗面的通窍行气手法，通过双手点按头面部的穴位，排出练功时郁结于肌肤腠理的风寒湿气。

通过以上三道程序练习的引火归元方法，主要是调节练功过程中因身体气机受阻引起的脏腑功能失衡。如不进行此功法的练习可引起头晕耳鸣、胸闷气短、下肢无力及头面部生疮长毒之症。故此，学练传统功夫者务须重视此功法的练习，在每次练功结束后一定要耐心将引火归元收功式静心练好。

一、 拍打穴位通经络

穴位是人体脏腑经络气血输注出入的特殊部位，亦是人体气血的汇聚之处。穴位分布在人体经络线上特殊的部位，通过针灸推拿刺激穴位有疏经通络、调理脏腑功能的作用。此处讲解的拍打穴位方法分别是胸部和小腹部拍打，传统中医学讲“针灸一条线，推拿一大片”。拍打严格地讲属于中医骨伤推拿技法中的一种手法，在练功后的拍打一定要发力，使手法之劲与身法之劲相合，形成瞬间碰撞的整劲。在拍打时要配合呼吸，即身法旋转蓄劲时吸气，拍打发力时呼气，使动作与呼吸结合，从而达到吐出浊气、“打通经络”的养生功效。

（一）胸部拍打

身法中正，双脚开立略比肩宽，双手微握拳以拳心与掌根处向其相对应的胸部拍打，即以左拳拍打右胸部的中府穴，拍打后左拳放松向后甩，同时右拳随身法旋转拍打左胸部的中府穴。拍打时呼气发力，左右共计拍打10次（图4-52、图4-53）。通过对胸部中府穴的拍打有止咳化痰、提高机体免疫力、增强心肺功能的作用。

图4-52

图4-53

（二）腹部拍打

身法中正，双脚开立略比肩宽，双手交叉抱于小腹前，沉肩坠肘，将气力灌注于手掌的掌根处。以双手之合力拍打小腹部的关元穴，拍打时腹部前顶与手法的拍打劲相合，形成整体的靠撞之劲。拍打时呼气发力，连续拍打6次（图4-54、图4-55）。通过对小腹部关元穴的拍打，有培元固本、补益下焦肝肾之功，对于练功过程中用丹田发力造成的局部气滞有疏导作用，使气血顺经络循行而畅通无阻。

图4-54

图4-55

二、 腾空颠脚通六腑

中医藏象学认为，六腑以通降为顺，六腑均为空腔性器官，分别是胆、胃、大肠、小肠、膀胱、三焦。六腑具有受纳、传化、排泄的功能，如《素问·五脏别论》：“六腑者，传化物而不藏，故实而不能满。”

在练功过程中六腑必须以空为主，即是以顺畅通利气机为主要功能。武术中的炼精化气，就是将六腑中的水谷精微化成气血，使六腑与五脏相合，形成表里对应的阴阳互生关系。练功中六腑随形体的缩小放大而增强它的生理功能，达到祛瘀生新、升清降浊的功效。

练功后为了增强六腑的生理功能，务须练习腾空颠脚功法。此功法的练习使人体从上至下形成整体的震荡，使头首之劲下传于脚掌以接地气。在震荡的同时整个身体像弹簧一样，升降自如，使六腑之浊气随震荡之劲排出体外。

腾空颠脚的具体练习方法如下，双脚并步，身法直立，双手上托，目视正前方。以脊柱的前后弓劲带动脚掌向上腾空而起，落地时以整个脚掌着地，牙齿轻叩，双手下按时呼气发“哼”字声，连续做3次（图4-56、图4-57）。

图4-56

图4-57

三、梳头洗面通七窍

七窍是人体的部位名，具体指头面部的七个孔窍（眼二、耳二、鼻孔二、口），五脏的精气分别通达于七窍，五脏有病，往往从七窍的变化中反映出来。五脏与七窍的对应关系分别是肝开窍于目，心开窍于舌，脾开窍于口，肺开窍于鼻，肾开窍于耳。

五脏之气机功能旺盛则七窍通畅，反之五脏功能紊乱则七窍闭塞不通或有火毒炎症之疾。练功夫练的是身心相合，五脏与七窍表里互通方能延年益寿，如有鼻疾；不是鼻子有罪，实是肺气不宣之过，再如听力不佳，非耳窍不聪之过，实是肾气亏虚之过。究其根本，一是脏气虚衰，二是经络瘀堵，无非虚、实二字。

梳头洗面功法的练习是为了疏通头面部因练功而饱受的风寒湿气，通过手法点按刺激头面部的特殊穴位，有通窍活血、排毒养颜的功效。练习此功法时，先将双掌合十于胸前，交叉搓热，以双手掌贴于面部，将中指轻按于鼻翼两侧上下搓擦10次。以中指腹部刺激鼻翼两侧的迎香穴和口角两侧的地仓穴，以中指尖顶撞眉头的攒竹穴，此为“一指推三关”之说。继续以中指向外划圆顺鬓角向下至耳前，以食指和拇指轻拽耳垂3下，在下拽耳垂的同时张口轻叩牙齿。最后双手微屈以指尖梳理头部，从前至后，由中间至两侧重复10次。双手交叉以双手拇指点按脑后风池穴，以达祛风解表、活血通窍之功。

后　记

脱枪为拳——英雄有用武之地

明朝末期，心意六合拳始祖姬际可逢乱世以心意六合大枪自卫杀敌，至国泰民安时则以心意六合拳修身养性，开悟智慧。后人在心意六合拳的基础上演绎发展为形意拳。民国时期形意拳被奉为国术，其拳劲仍为心意六合大枪之十三枪法。形意拳脱枪为拳其说即源于此。

练习中国武术必须博采众家之长，习文练武，以武载道，在盛世和平时期打造武学文化学以致用的文化新概念。练习武术的作用是一个综合功能的体现，在传统文化的指导下通过学习武术技能来达到武学文化的提升，使学习者真正认识到武学文化的实用价值。在众多武术爱好者的心目中，武术的功能多是单一孤立的，不是偏于技击就是偏于养生和表演，实不知中国武术是练、打、养三位一体的整体文化概念。传统功夫把搏击技法隐藏于功法的训练之中，套路之中又隐藏着功法招式的练习，套路的整体演练又蕴藏着吐纳导引的养生方法。

中国武术文化受道家文化的影响，讲究无为而为，即在不战之中而战。战胜自己便战胜所有的一切，主张以精神统领形体，在实用学派上总是异于常人的思维，其核心理念追求的是阴阳平衡之道。常人的思维总是偏于阴或偏于阳，能知晓道中有术者首先要心静如水，抛却红尘名利，在不争之中而争，方是研习中国武术的秘传心诀。

佛家讲究不着相，万事随缘。习练武术不必急于求成，练到什么火候便出什么功夫，功到自然成，缘分到了这事也就阴阳相合了。《武道真传·功夫的修炼历程》是讲解作者习武见闻的心得体悟，通过见闻的故事引出中国古传功夫的习练秘诀。让读者明白中国武术文化的多元化功能，在习练武术的同时更加理性地认知中国武术静则可以修身励志，动则可以御敌防身的整体文化功能。

时势造英雄，在不同的历史时期功夫人要以不同的方式传承发扬中华武术。愿每一位功夫人通过实践历练而成就顶天立地的大英雄。以英雄之志超越自我，成就自我，则用武之地何处不在！

潘霜喜

丙申年孟冬于少林六合堂

跋

以武载道承国术之魂

认识潘霜喜先生已有数年，先生醉心武术的传承和教育，拳风浑厚刚健，为人谦虚低调，教学深入浅出，是当代少林拳之正宗传承，亦是当代青年一辈武术传承者之典范。

当下社会，浮躁速成之风日盛，在音乐、美术、围棋、武术等需要时日积累方可学有所成的领域类，速成班往往成为能迅速占领市场的主力产品。学员之中，愿意体验者众，身体力行者寡，能以匠人精神传承者，更是寥寥无几，如此环境，实是令人叹息。崇洋媚外之风日盛，我们的年轻人，往往都听说过跆拳道、空手道、柔道、拳击，提起这些名词，脑海里都能浮现出这些技击术的画面，但说起少林拳、八极拳、自然门、形意拳等传统武术之精粹，却难以形成系统的印象。特别是在传统武术与现代搏击的对比中，现代搏击打赢了业余的传统武术，大家就说传统武术果然不行；而传统武者赢了业余的现代搏击练习者，大家又说有本事你去打赢专业选手试试。此类种种，实是令人痛心。

殊不知，功夫本无高低上下之分，唯有练武的人才有强弱之别。潘先生对武术的传承和发扬，似一泓清泉，在纷杂尘世中仍在践行着一个传统武者的宗旨，不为浮躁之风所扰，不为媚外之风所动，实为难得。笔者挚友心意六合拳传承者任义，本身也是跆拳道黑带三段，他曾言，明知道以教授跆拳道为业能够更加赚钱，但还是从事了传统武学的教育，想把中国武魂之根弘扬发展。笔者挚友少林永春拳传承者温彦君曾言，希望通过传统武术和武学思想的教育，给予下一代启迪，塑造下一代的品行。作为当代武者，我们都已跨过了而立之年，我们都肩负着传统武术承前启后的重任，必当不忘初心，砥砺前行，以武载道，承国术之魂。

潘先生的书名《武道真传》，我觉得非常的贴切，先生让我作一篇题跋，我便借题发挥，也说一说武学之道。当前大家对武术的认识，普遍存在概念性的模糊，比如体操、跳舞都是肢体运动，和传统武术有什么区别？拳击、泰拳、MMA都是搏击对抗运动，和传统武术又有什么区别？

我想以一句话进行概括：实战性是区别于武术和体育运动的特点，文化性是区别于中国传统武术和现代搏击术的特点。这个特点，便是武术之道。

——**以武载道，载攻守伐敌之道**。“武”者，最原始的本意，持戈而向前也。所谓武术，即是用兵攻伐之术，后世武者扩展其意，定义为以武止戈之术。而不论何种解释，武术的本质都在于技击。技击之术，为武术之主干，是武术不可丢弃之根本，失去了技击，只能叫作健身运动而已。受影视宣传的影响，现在人一提起武术便说，武术是强身健体的，诚然，强身健体是武术的重要功能，但是强身健体并不为武术所独有，慢跑、游泳、羽毛球都有很好的强身健体之功效。故实战性是区别于传统武术和体育运动的特点。实战的技术、艺术，是为武术。

——**以武载道，载民族精神之道**。一个没有脊梁的民族势必会被世界潮流所淹没，一个没有伟大精神贯穿的脊梁必将被外力折断。尚武精神是天行健君子以自强不息的最佳注释，是国家强盛和民族强盛的动力和源泉。中华民族，是历经了战争的磨难和洗礼的民族，历史的教训让我们深刻认识到，当你的对手崇尚武力，而你仍然死抱有容乃大的中庸思想，那并不是智慧，而是迂腐和无能，固然我们可以和敌人讲王道，讲上善若水，那是建立在自身强大的基础之上，正如那句铿锵有力的话语依然回梁缭绕：犯强汉者，虽远必诛！

——**以武载道，载修身励志之道**。尚武崇德，浩气长存，一个人武术的成长史就是他这一身的励志修身之史。从入门的端正其礼法，规范其功架，强健其体魄，到进阶的明理其攻防，灵活其身步，磨砺其心性，再到高手的洞晓其时机，拿捏其火候，掌控其精神。每一步的成长都饱含着武者的血汗，非有强大的意志和坚定的信念者，不能为之。一个武者的成长就是对身体和精神高度认知的过程，需要直面一个个挑战，面对一座座高山，跨越一道道深谷，历经艰辛，虽伤痕满布而坚定向前。在这个过程里，坚定了武者的内心，考验了武者的毅力，沉稳了武者的性格，升华了武者的灵魂。

——**以武载道，载文化修养之道**。武术之文化源远流长，一个有所造诣的武者，绝非血气上头的莽夫，多为文武兼修、素养颇高之士。“万里横戈探虎穴，三杯拔剑舞龙泉”是李白的气魄；“醉里挑灯看剑，梦回吹角连营”是稼轩的情怀；“壮志饥餐胡虏肉，笑谈渴饮匈奴血”是武穆的豪情。少时，每每读到这些句子，总是热血沸腾。因受感召，弱冠习武，懵懂坚持至今，而立之年遍读传世之拳谱，亦对人生有所感悟。不卑不亢是太极拳的气度，直面矛盾是形意拳的胆识，刚健自强是少林拳的气魄，分清虚实是自然门的智慧。可称拳家者，除武艺绝伦外，必定是有极高文化修养之人。自古以来，习武修文皆是相辅相成，习武以促学，练武以强身，尚武以励志，涵武以修德，交融相成，不可偏废。

《武道真传·功夫的修炼历程》一书的问世，向广大读者集中展示了潘先生对武学一道的系统研究，揭示了大量武学的内门精华和业内知识点，将带领读者深入浅出地走进武学的广袤天地。书中既有对术的描写，也有着对道的论述，非有数十年纯功且对武学教育有着深入思考者，不能为之。本书既可以作为对武术有着浓厚兴趣的非专业人士的科普读物，也可以供专业的武者进行研究参考。

潘先生能将毕生所学著书立说，传与后人，可谓功德无量。

自然门第四代传承人 李远航

二〇一七年十二月十五日于成都

附

潘霜喜少林拳派承传脉络

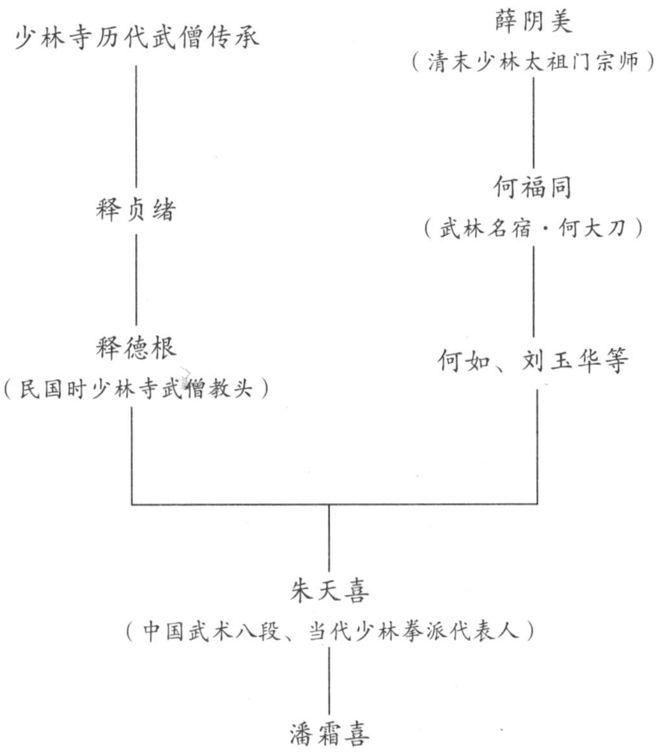